Inhalt

UM 600

1168

1307

1423

1485

1547

1618

1697

1756

1813

1830/31

1839

1848/49

1866

1871

1914

1918

1923

1933

1945

1949

1953

1989

AB 2000

Leipziger Hauptbahnhof mit Omnibus nach 1915.

Glanz und Gloria

»Dass die Sachsen sind, was sie sind, verdanken sie nicht ihrer ‚Gemütlichkeit', sondern ihrer Energie«, so urteilte der Schriftsteller Theodor Fontane um die Mitte des 19. Jahrhunderts. Bei einem Blick in die Geschichte erweist sich tatsächlich, dass vom energiegeladenen Sachsen viele Impulse auf das übrige Deutschland ausgingen: Hier nahm die von Martin Luther inspirierte Reformation ihren Anfang, hier war mit Leipzig ein prägendes Zentrum des Buchhandels und Zeitungswesens beheimatet, hier setzte die deutsche industrielle Revolution ein und von hier gingen 1989 Impulse für die friedliche Revolution in der DDR aus.

Neben ihrer Lebensenergie bescheinigte Fontane (als Preuße jeder Parteilichkeit unverdächtig) den Sachsen eine Jahrhunderte alte »Kulturüberlegenheit«. Dieses Urteil greift natürlich den heute noch sprichwörtlichen Gegensatz zwischen »Sachsens Glanz« und »Preußens Gloria« auf. Natürlich ist diese Gegenüberstellung so falsch, wie jede Schwarzweißmalerei falsch ist, aber dennoch spiegelt sich darin ein Teil der Realität wider. Der Reichtum ihres Landes an Naturschätzen und Wirtschaftskraft ermöglichte den sächsischen Herrschern von je her eine besondere Prachtentfaltung; dennoch investierten sie auch regelmäßig große Summen in ihre Außenpolitik: Der Erwerb der polnischen Königskrone durch August den Starken im Jahr 1697 ist dafür das bekannteste Beispiel. Dass Sachsen in den großen Kriegen des 17., 18. und 19. Jahrhunderts wenig Ruhm errang und meistens auf der Verliererseite stand, ist gewiss nicht auf fehlende Ambitionen zurückzuführen. Verantwortlich waren die politischen Konstellationen und nicht zuletzt der aggressive Nachbar Preußen, der sich nach mehreren Anläufen 1815 tatsächlich einen großen Teil des sächsischen Herrschaftsgebiets einverleiben konnte.

Die politische Notwendigkeit, sich durch internationale Bündnisse vor den preußischen Begehrlichkeiten abzusichern, und die Anforderungen, die der Handel mit Waren aus ganz Europa und aus Übersee mit sich brachte, verschaffte den Sachsen schon frühzeitig eine Weltläufigkeit, die wenig zu dem verbreiteten Bild von der »sächsischen Gemütlichkeit« passt.

Das wird auch dem heutigen Reisenden bewusst, wenn ihm etwa in der Messestadt Leipzig jede Straßenbahnstation auf Deutsch, Englisch und Französisch angesagt wird, während selbst in der Bundeshauptstadt Berlin allenfalls an ausgewählten Verkehrsknotenpunkten wenigstens eine Ansage in Englisch zu hören ist.

Es gibt viele Gründe, die deutsche und ausländische Besucher in den Freistaat Sachsen locken: Burgen und Schlösser, die Kulturschätze des wettinischen Herrscherhauses, die landschaftlichen Reize des Elbtals, der Sächsischen Schweiz oder des Erzgebirges, die Internationalität einer lebendigen Kultur- und Wissenschaftsszene. Ein Blick in die wechselvolle Geschichte des Landes macht viele seiner Besonderheiten besser verständlich.

Von der Grenzmark zum Kurfürstentum

Ein Land rückt in die Mitte des Reiches

Niedersachsen und Obersachsen

Wer, wenn er »Sachsen« hört, an die Sachsenkriege Karls des Großen denkt oder an die sächsischen (ottonischen) Kaiser oder an den Sachsenherzog Heinrich den Löwen, der hat in Geschichte gut aufgepasst. Die Tradition des heutigen Freistaats Sachsen speist sich allerdings aus ganz anderen Quellen. Der germanische Stamm der Sachsen, den Karl der Große um 800 unterwarf, siedelte im Gebiet zwischen dem Niederrhein im Westen und Elbe und Saale im Osten.

Dieses ursprüngliche Herzogtum Sachsen lag also im Wesentlichen auf dem Gebiet der heutigen Bundesländer Niedersachsen, Bremen und Hamburg sowie in Teilen von Nordrhein-Westfalen und Sachsen-Anhalt. Im 12. Jahrhundert herrschte hier das Geschlecht der Welfen, unter denen das sächsische Herzogtum zu einem der bedeutendsten Länder im deutschen Reich aufstieg, bis es nach dem Sturz Heinrichs des Löwen im Jahr 1180 zerschlagen wurde: An seine Stelle traten neue Gebilde, vor allem das Herzogtum Westfalen, das Herzogtum Braunschweig-Lüneburg und ein neues Herzogtum Sachsen, das im späten 13. Jahrhundert in die Linien Sachsen-Wittenberg und Sachsen-Lauenburg zerfiel.

Die Herzöge von Sachsen-Wittenberg wurden durch die Goldene Bulle von 1356 in den Rang von Kurfürsten erhoben, d. h., sie gehörten zum erlauchten Kreis der deutschen Königswähler. Im Jahr 1423 fiel ihr Herzogtum mitsamt der Kurwürde an die Markgrafen von Meißen, auf deren Herrschaftsgebiet der Name Sachsen sich dann allmählich übertrug.

Zu diesem Zeitpunkt erst begann die Tradition des Kurfürstentums Sachsen, aus dem später das Königreich und zuletzt der Freistaat wurde, von dem im Folgenden die Rede sein wird. Das alte germanische Stammesgebiet bezeichnet man dagegen seither als Niedersachsen.

Zwischen Sachsen und Niedersachsen liegt heute jedoch auch noch das Bundesland Sachsen-Anhalt. Der sächsische Teil dieses Landes, wie er von 1945 bis 1952 existierte und dann wieder seit 1990, besteht im Wesentlichen aus den Gebieten, die das Königreich Sachsen im 19. Jahrhundert an Preußen abtreten musste, darunter zum Beispiel Naumburg, Merseburg und Wittenberg. Auch hier spielte sich also im späten Mittelalter und in der Neuzeit (ober-)sächsische Geschichte ab, nicht zuletzt die Reformation des 16. Jahrhunderts, die mit Martin Luther von Wittenberg ausging.

*Mit dieser Urkunde belehnte der
König im Jahr 1423 die
Markgrafen von Meißen mit
dem Kurfürstentum Sachsen.*

Von den Slawen
zu den Wettinern

Aber zurück zu den Anfängen: Im Zuge der
Völkerwanderung verließen die germanischen
Stämme ihre Siedlungen im Land zwischen
Saale und mittlerer Elbe und machten Platz
für die slawischen Sorben, die um das Jahr
600 aus Böhmen und dem Odergebiet kamen. In den Jahren 805 und 806 unterwarf
der fränkische König Karl der Große die
Sorben und andere slawische Stämme und
machte sie seinem Reich tributpflichtig. Trotz-
dem fielen die Slawen noch in der zweiten
Hälfte des 9. Jahrhunderts mehrfach in das
westlich der Saale gelegene Reichsgebiet ein.
Diese Bedrohung wurde erst unter König
Heinrich I. abgewendet. Nachdem er im

Markgraf Heinrich der Erlauchte bei der Jagd.

polnische und ungarische Angriffe durch Marken (Grenzländer) ab, deren Verwaltung sie besonders treu ergebenen Befehlshabern übertrugen. Die Burg Meißen wurde um 965 zum Zentrum einer solchen Grenzmark: Im Jahr 1089 gelangte Heinrich I. von Eilenburg in den Besitz der Markgrafschaft Meißen, und mit ihm begann in Sachsen die mehr als 800-jährige Herrschaft der Wettiner, einer nach ihrer Stammburg nördlich von Halle benannten Adelsfamilie. Die wettinischen Markgrafen behaupteten sich gegen den Widerstand konkurrierender Adelsgeschlechter, etwa der Grafen von Groitzsch, und bauten ihren Herrschaftsbereich allmählich aus. Ihre Untertanen waren dabei lange Zeit fast ausschließlich Slawen, um deren Christianisierung sich die Geistlichen in den 968 gegründeten Bistümern Meißen, Merseburg und Zeitz kümmern sollten. Ernstzunehmende Konkurrenz erwuchs den Wettinern seit 1158 durch die staufischen Könige, die im westlichen Erzgebirge und im Vogtland das Reichsterritorium Pleißenland etablierten. Das Zentrum dieses Gebiets lag in Altenburg, aber bald kamen neue Burgen und Herrschaften wie Glauchau, Lichtenstein, Scharfenstein, Schellenberg, Waldenburg und Wolkenstein dazu.

Im 12. Jahrhundert wurde der sächsische Raum von der deutschen Ostbewegung erfasst: Nicht nur die deutschen Markgrafen, sondern auch die slawischen Herrscher in Pommern, Polen, Schlesien, Böhmen und Mähren riefen Bauern aus den westlichen Teilen des Reiches in ihre Länder, damit sie dort Wälder rodeten und bislang unkultivierte Gebiete urbar machten. Den Neusiedlern wurden persönliche Freiheit und der erbliche Besitz ihrer Höfe gewährt, womit die Grundlage für den freien sächsischen Bauernstand

Winter 928/929 die Heveller im Havelland unterworfen hatte, zog er nach Süden gegen den sorbischen Stamm der Daleminzer und eroberte nach zwanzigtägiger Belagerung deren Hauptburg Gana, vermutlich auf dem Burgberg in Hof im Kreis Oschatz gelegen: »Die Beute aus der Burg überließ er den Kriegern, alle Erwachsenen wurden niedergemacht, die Knaben und Mädchen in Gefangenschaft aufbewahrt«, so fasste der Chronist Widukind dieses Ereignis zusammen. Dann stieß Heinrich weiter vor bis zur Elbe, errichtete dort die Burg Meißen und bezwang von diesem Stützpunkt aus die Milzener im Gebiet um Bautzen.

Die Nachfolger Heinrichs I. sicherten das deutsche Reich im Osten gegen böhmische, geschaffen wurde – die Leibeigenschaft war hier auch in späteren Jahrhunderten unbekannt. Die Verbesserung der landwirtschaftlichen Techniken, etwa durch Dreifelderwirtschaft und Eisenpflug, steigerte das Angebot an Nahrungsmitteln. Zugleich wuchsen die ersten Kaufmannssiedlungen und Märkte empor, aus denen später Städte wie Chemnitz, Dippoldiswalde, Dresden, Freiberg, Großenhain, Leipzig und Pirna hervorgingen. Parallel setzte nach den wenig erfolgreichen Ansätzen im 10. Jahrhundert ein verstärktes Bemühen um die Christianisierung der sorbischen Bevölkerung ein: Mönche und Nonnen wanderten nach Osten und gründeten zahlreiche Klöster, so in Riesa (1119), Chemnitz (1136), Remse bei Waldenburg (1143), Wechselburg (1160) und Altzella bei Nossen (1162).

Siegel der 1168 gegründeten Stadt Freiberg.

Die Neusiedler vertrieben die Sorben nicht aus ihren angestammten Gebieten in der Lausitz; dennoch lebten beide Bevölkerungsteile weiterhin jeder für sich. Häufig entstanden deutsche Dörfer direkt neben alten sorbischen. Viele neue Siedlungen entstanden aber ohnehin im bislang unbewohnten Land zwischen Elbe und Saale. Noch heute bilden die Sorben in der Oberlausitz einen wichtigen Teil der Bevölkerung: Davon zeugen nicht nur die zweisprachigen Ortsschilder, sondern auch zahlreiche sorbische Feste und Traditionen. Insgesamt stieg die Zahl der »Sachsen«, also der Bewohner des Saale-Elbe-Neiße-Gebietes, von vermutlich knapp 100.000 Menschen im Jahr 1100 auf geschätzte 400.000 Menschen im Jahr 1300. Der Landesausbau mit Rodungen, Dorf- und Städtegründungen und der Ansiedlung von Bauern aus dem übrigen Reich hatte seine Wirkung getan.

Im Jahr 1168 wurde im erzgebirgischen Christiansdorf erstmals Silbererz gefunden.

Schnell wuchs am Fundort die Bergstadt Freiberg empor, der Silberbergbau florierte und begründete den sagenhaften Reichtum der Meißner Markgrafen. Dieser Reichtum legte, zusammen mit der ertragreichen Landwirtschaft und dem florierenden Fernhandel, den Grundstein sowohl für den weiteren Ausbau der wettinischen Landesherrschaft als auch für die kulturelle Blüte des Landes im 13. Jahrhundert: Der Meißner Markgraf Heinrich der Erlauchte empfing an seinem Hof berühmte Minnesänger und dichtete selbst zahlreiche Lieder. Die von ihm veranstalteten Ritterturniere wie das in Meißen 1265 wurden zu Höhepunkten im gesellschaftlichen Leben, zu denen Adlige aus allen Teilen des Reiches anreisten.

Zugleich wuchsen in der Markgrafschaft Meißen große Kirchen empor, die noch heute als hervorragende Beispiele der deutschen Kunstentwicklung auf der Schwelle zwischen Spätromanik und Frühgotik gelten: so der

1307

Die um 1230 erbaute Kirche St. Johannis in Plauen zeugt von romanischer Architektur in Sachsen.

Naumburger Dom mit den bekannten Stifterfiguren, der Freiberger Dom mit der Goldenen Pforte und nicht zuletzt der Meißner Dom, bei dem die architektonischen Einflüsse aus Frankreich unverkennbar sind. Neben den geistlichen Bauträgern wollten auch die Kaufleute und Händler in den erblühenden Städten nicht zurück stehen und gaben große Stadtkirchen in Auftrag, etwa die Nikolaikirchen in Freiberg und Görlitz oder die Johanniskirche in Plauen.

Heinrich der Erlauchte, den das Silber aus dem Erzgebirge zu einem der reichsten und mächtigsten Fürsten in Deutschland gemacht hatte, dehnte seinen Herrschaftsbereich um die Mitte des 13. Jahrhunderts nach Westen bis zum Thüringer Wald und zur Wartburg aus. Nach seinem Tod im Jahr 1288 zerstritten sich allerdings seine Erben untereinander und gaben so den deutschen Königen die

Gelegenheit, sich die Mark Meißen und die dazu gehörigen Länder anzueignen und auf diese Weise ein gefährliches Machtzentrum im Reich auszuschalten. Die aus dem Lande getriebenen Wettiner konnten nur durch einen unverhofften Sieg über das königliche Heer bei Lucka (südlich von Leipzig) im Jahr 1307 ihre Herrschaften zurück gewinnen. Dabei gelang es ihnen, das Pleißenland mit den Reichsstädten Chemnitz, Zwickau und Altenburg in ihre Gewalt zu bringen.

Das 14. Jahrhundert stellte die Markgrafen vor neue Herausforderungen. Adel, Geistlichkeit und Städte traten den Landesherren zunehmend selbstbewusst entgegen; als organisierte Interessenvertretung bildeten sich um die Jahrhundertmitte die Landstände heraus, die vor allem bei der Steuererhebung ein gewichtiges Wort mitzusprechen hatten. Die Zeit des allgemeinen Reichtums war vorbei, denn die Erträge des Silberbergbaus verringerten sich allmählich und in der Landwirtschaft kriselte es merklich. Die Zahl der Bauern ging zurück und viele Dörfer lösten sich auf. Im Jahr 1349 kam zudem die Pest nach Meißen. Wie überall im Reich deutete man die Seuche als Ergebnis von Brunnenvergiftungen und verfolgte als vermeintliche Urheber die Juden: In großen Pogromen wurden fast alle jüdischen Einwohner der meißnischen und thüringischen Städte getötet. Die Markgrafen nutzten später die prekäre Lage der verbliebenen Juden aus, indem sie ihnen gegen hohe Geldzahlungen Schutzbriefe ausstellten.

Die unsichere politische Lage und die schwindenden Erträge des Silberbergbaus beendeten im 14. Jahrhundert die Phase der glanzvollen höfischen Repräsentation. Kulturelle Leistungen waren nun vor allem auf dem Gebiet der Bildung zu verzeichnen: In den Städten, wo inzwischen fast ein Viertel der sächsischen Bevölkerung lebte, wurden immer mehr Schulen eröffnet, und im Jahr 1409 erhielt die Markgrafschaft mit der Universität Leipzig ihre erste höhere Lehranstalt. Es war die sechste in der Reihe deutscher Universitätsgründungen, die 1348 mit der Prager Universität eingesetzt hatte. Aus Prag kamen auch die ersten Professoren und Studenten nach Leipzig; Anlass ihrer Umsiedelung waren religiös begründete Streitigkeiten mit ihren böhmischen Kommilitonen.

Kurwürde und Bruderzwist

Zu Beginn des 15. Jahrhunderts erhoben sich die Anhänger des als Ketzer hingerichteten böhmischen Reformtheologen Jan Hus gegen den deutschen König und drangen in bewaffneten Haufen in die Grenzgebiete des Reichs ein. Markgraf Friedrich der Streitbare stand König Sigismund in diesen langwierigen Hussitenkriegen militärisch zur Seite und konnte auf diese Weise für das Haus Wettin eine reiche Ernte einfahren: Im Jahr 1423, kurz nach dem Tod des letzten askanischen Kurfürsten von Sachsen-Wittenberg, übertrug nämlich Sigismund dieses Territorium mitsamt der Kurwürde an den Markgrafen, der damit Kurfürst Friedrich I. von Sachsen wurde und in den Kreis der ranghöchsten Reichsfürsten aufstieg. Zugleich war er jetzt Reichserzmarschall, d. h. er trug bei offiziellen Anlässen das Krönungsschwert und befehligte in Abwesenheit des Kaisers das Reichsheer.

Nach dem Tod Friedrichs des Streitbaren im Jahr 1428 zerstörte ein Zwist zwischen seinen Söhnen die Einheit des Kurfürstentums: Im Juli 1445 verabredeten sie in Altenburg eine Teilung des väterlichen Landes; da sie sich aber nicht darüber einigen konnten,

1423

Die Meißner Albrechtsburg wurde ab 1471 (Stich aus dem 19. Jahrhundert) zum Residenzschloss ausgebaut.

wer welchen Teil erhalten sollte, kam es zum sächsischen Bruderkrieg, der erst 1451 beigelegt wurde. In dieser Zeit ereignete sich auch der sagenumwobene »Prinzenraub«: Ritter Kunz von Kauffungen, der sich nach dem Ende des Bruderkrieges um den Lohn für seine militärischen Dienste betrogen wähnte, begann eine Fehde gegen den Kurfürsten Friedrich II. und entführte kurzerhand die beiden jugendlichen Prinzen Ernst und Albrecht aus dem Altenburger Schloss. Diese Episode, die wenige Tage später mit der Ergreifung und Hinrichtung der Täter endete, blieb zwar für die Geschichte Sachsens letztlich folgenlos, aber das Land hatte in Kunz von Kauffungen immerhin seinen eigenen Götz von Berlichingen – auch wenn sich kein Schriftsteller vom Rang Goethes fand, um diesem Kämpfer gegen fürstliche Willkür ein Denkmal zu setzen.

1485

Gulden mit dem Bildnis der Fürsten Ernst und Albrecht.

Die beiden Prinzen Ernst und Albrecht verstanden sich weit besser als Vater und Onkel. Nach dem Tod Friedrichs II. regierten sie das Kurfürstentum zunächst gemeinsam von ihrem gemeinsamen Hof in Dresden aus. Seit 1471 ließen sie sich auf dem Burgberg in Meißen ein Schloss nach französischem Vorbild erbauen. Die »Albrechtsburg« (wie man diese ab dem 17. Jahrhundert nannte) wurde 1521 vollendet und suchte in Deutschland ihresgleichen. Sie wies schon den Weg in die aufkeimende Renaissance. Gleichzeitig entstanden bis Ende des 15. Jahrhunderts noch zahlreiche imposante Hallenkirchen, etwa in Annaberg, Pirna, Schneeberg und Zwickau, die von der Blüte der sächsischen Spätgotik zeugten.

Das gute Verhältnis zwischen den beiden Brüdern kühlte sich im Laufe der Jahre allmählich ab, und im Jahr 1485 wurde in Leipzig offiziell eine Teilung des bislang gemeinsam regierten Landes vereinbart – eine folgenschwere Entscheidung, die alle späteren

Versuche, Sachsen in den Rang einer Großmacht zu erheben, zum Scheitern verdammen sollte. Ernst erhielt neben dem Kurfürstentum Sachsen-Wittenberg die thüringischen Landesteile, Albrecht dagegen wählte den meißnischen Teil des Landes. Den Silberbergbau im Erzgebirge verwalteten die Brüder weiterhin gemeinsam.

Die Politik des albertinischen Herzogtums Sachsen unterschied sich in den folgenden Jahrzehnten stark von der des ernestinischen Kurfürstentums. Ernsts Sohn, Kurfürst Friedrich der Weise, ging bald auf Distanz zum Kaiser – eine Haltung die sich später im Streit um die Lehre Martin Luthers besonders deutlich zeigen sollte.

Herzog Albrecht »der Beherzte« dagegen entwickelte sich zur militärischen Stütze von Kaiser und Reich. Er zog mit Kaiser Friedrich III. gegen den Herzog von Burgund und gegen das Osmanische Reich zu Felde, übernahm 1487 den Oberbefehl über das Reichsheer, als der ungarische König Wien besetzt hatte, und befreite 1488 den kaiserlichen Prinzen und späteren Kaiser Maximilian aus der Gefangenschaft der Bürger von Brügge. Diese Leistungen brachten ihm die Statthalterschaft über die Niederlande und Friesland sowie eine Anwartschaft auf die Herzogtümer Jülich und Berg ein.

Finanzieren konnte Albrecht seine Feldzüge allerdings nur, weil neue große Silberfunde im Erzgebirge bei Schneeberg das »zweite Berggeschrei« ausgelöst hatten, eine Bewegung, die – vergleichbar dem amerikanischen Goldrausch im 19. Jahrhundert – Menschen aus allen Teilen des Reiches anzog, neue Städte entstehen ließ und neben dem Landesherren auch zahlreiche Spekulanten reich machte, die ihr Geld in die Ausbeutung der neuen Gruben und in die Entwicklung neuer Fördertechniken investierten.

Die Investitionen jedoch, die Herzog Albrecht mit seinen Gewinnen aus dem Bergbau tätigte, erwiesen sich nicht als sonderlich ertragreich. Vor allem der Besitz in Friesland war derart kostspielig, dass Albrechts Sohn, Georg der Bärtige, gleich zu Beginn seiner Herrschaft im Jahr 1500 daran ging, einen Käufer zu suchen. Auch in Sachsen selbst bemühte sich Georg um eine Sanierung der Finanzen: Nicht zuletzt, um die Steuereinnahmen zu erhöhen, reformierte er die Verwaltung und förderte gezielt den Handel in seinen Städten. So erlangte er von Kaiser Maximilian im Jahr 1507 ein Privileg für Leipzig, das die Abhaltung von Märkten im Umkreis von 15 Meilen (etwa 110 km) um die Stadt verbot, und somit Erfurt und Magdeburg als Handelskonkurrenten ausschloss. Trotz der Gewinne aus dem Silberbergbau, immerhin jährlich über 24.000 Gulden, hinterließ Georg bei seinem Tod im Jahr 1539 Schulden von einer halben Million Gulden.

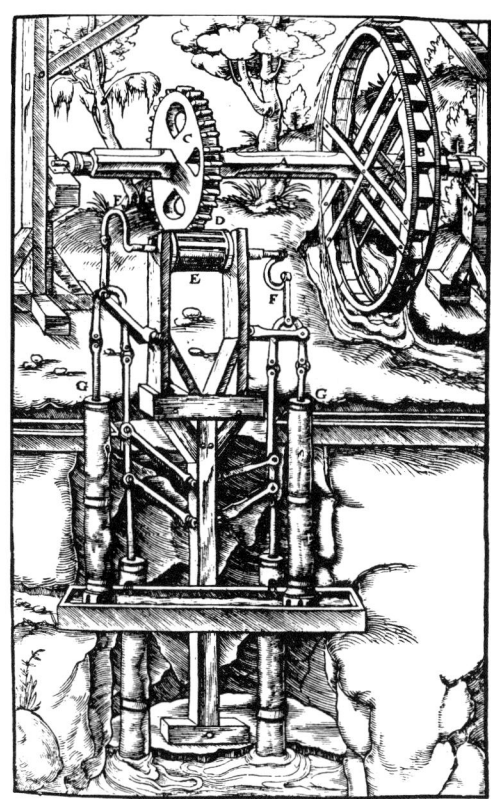

Technische Innovationen wie dieses Pumpwerk steigerten Ende des 15. Jahrhunderts die Silberausbeute.

Dennoch stand es im Herzogtum Sachsen zu dieser Zeit um die Staatsfinanzen weitaus besser als in vielen anderen deutschen Fürstentümern.

Glaubenskämpfe

Georg der Bärtige war ein frommer Mann, der sich um das geistige Wohl seiner Untertanen sorgte und Missstände in seiner Landeskirche energisch bekämpfte. So stand er auch den Thesen des Reformators Martin Luther zunächst offen gegenüber und nahm 1519 sogar persönlich an der Disputation zwischen

Der Reformator Martin Luther und sein Gegenspieler Johann Eck disputierten 1519 in der Leipziger Pleißenburg. Gastgeber war der albertinische Herzog Georg von Sachsen.

Luther und dessen erbittertem Gegner Johann Eck in der Leipziger Pleißenburg teil. Dabei wurde allerdings der unüberwindbare Gegensatz zwischen Georgs und Luthers Auffassungen deutlich. Der Herzog entwickelte sich zum energischen Gegner der neuen Glaubenslehre – ganz im Gegensatz zu seinem Verwandten im ernestinischen Kurfürstentum Sachsen, das zum Mutterland der Reformation und ab 1527 zur protestantischen Führungsmacht im Reich wurde.

Aber auch im albertinischen Teil Sachsens sollte die Reformation bald Einzug halten: Da Herzog Georg bei seinem Tod keine männlichen Nachkommen hinterließ, fiel die Herrschaft an seinen jüngeren Bruder Heinrich, der bereits einige Jahre zuvor zum evangelischen Glauben übergetreten war und nun im Jahr 1539 mit einem feierlichen Gottesdienst

in Dresden die Reformation im ganzen Herzogtum einführte. Für die Staatsfinanzen hatte das den nicht unwesentlichen Nebeneffekt, dass fast der gesamte Besitz der Klöster und Stifte auf sächsischem Boden in das Eigentum der Herzöge überging.

Dass der Konfessionswechsel nicht zu einem radikalen Bruch der außenpolitischen Traditionen führte, lag an Heinrichs Sohn Moritz, einer der schillerndsten Fürstengestalten des 16. Jahrhunderts. Obwohl Moritz als Herzog von Sachsen Mitglied im Schmalkaldischen Bund war, einem Verteidigungsbündnis der evangelischen Reichsfürsten, ließ er sich von Kaiser Karl V. auf seine Seite ziehen. Als der Kaiser im Jahr 1546 zum Angriff gegen die lutherische Partei überging und Moritz vertraglich die sächsische Kurwürde zusagte, da wechselte der Herzog

kurzerhand das Lager und marschierte in das
Land seines Vetters und Verbündeten Johann
Friedrich von Sachsen ein. In der Schlacht
von Mühlberg an der Elbe wurde der Kurfürst 1547 besiegt und gefangen gesetzt. Er
musste für sich und seine Nachkommen auf
die Kurwürde verzichten und erhielt nur ein
wesentlich verkleinertes Territorium zugesprochen, das ausschließlich in thüringischem
Gebiet lag. Moritz dagegen (den man seither
den »falschen Moritz« oder den »Judas von
Meißen« nannte) wurde vom Kaiser mit dem
Kurfürstentum Sachsen belehnt, das von da an
für immer beim albertinischen Teil der Familie
bleiben sollte.

Als der Kaiser seine gestärkte Position
dazu nutzte, den evangelischen Reichsfürsten eine neue, katholisch inspirierte Kirchenordnung (das »Augsburger Interim«)
aufzuzwingen, formierte sich erneut eine
Fürstenopposition. Kurfürst Moritz, der die
neue Kirchenordnung ebenfalls ablehnte und
zudem fürchten musste, dass der wachsende
Unmut sich auch gegen ihn als Verbündeten
des Kaisers richten würde, machte seinem
Ruf alle Ehre und wechselte erneut die Seiten. Gemeinsam mit anderen evangelischen
Fürsten trat er in Verhandlungen mit dem
französischen König ein, dem größten Gegenspieler der Habsburger in Europa. Moritz
selbst führte dann 1552 die mit französischem
Geld finanzierten Truppen gegen den Kaiser
und zwang ihn zur Aufhebung des »Augsburger Interims«. Kurze Zeit später starb er
unter nicht ganz geklärten Umständen an den
Folgen einer auf dem Schlachtfeld erlittenen
Schussverletzung; sein Grabmal im Freiberger
Dom gehört zu den prächtigsten Renaissance-
Fürstengräbern in Deutschland.

Die Aufgabe, das neue albertinische
Kurfürstentum im Innern auszubauen und

1547

*Herzog Moritz wurde durch Verrat an seinen evange-
lischen Glaubensgenossen zum Kurfürsten.*

nach außen abzusichern, fiel nach Moritz'
Tod seinem jüngerem Bruder August zu, im
Volksmund »Vater August« genannt. Er förderte den Silber- und Eisenbergbau im Erzgebirge, den Steinkohleabbau im Zwickauer
Gebiet, die Salzgewinnung und den Abbau
von Alaun, Vitriol, Salpeter und Arsenik; er
sorgte auch für eine weitere Privilegierung der
sächsischen Handelsplätze und für die Einführung einer nachhaltigen Forstwirtschaft.

Das Verhältnis zu den ernestinischen Verwandten klärte sich 1567 auf militärischem
Weg: Herzog Johann Friedrich der Mittlere
hatte sich an verschiedenen antikaiserlichen
Bündnissen beteiligt, weil er hoffte, auf diese
Weise die Kurwürde zurück gewinnen zu
können. Als Karl V. deshalb die Reichsacht
über ihn verhängte, übernahm Kurfürst August deren Exekution: Er fiel ins Nachbarland
ein, belagerte Gotha und setzte Johann Friedrich fest, woraufhin der bis zu seinem Tod

Die Moritzburg entstand 1542 als kurfürstliches Jagdschloss im Stil der Renaissance. Die barocken Elemente wurden beim Umbau im 18. Jahrhundert hinzugefügt.

1595 in habsburgischer Gefangenschaft ausharren musste. Nach diesem Desaster stellten die Ernestiner die albertinische Kurwürde nie wieder in Frage.

Auf kulturellem Gebiet nahm Kursachsen im 16. Jahrhundert eine Spitzenstellung im Reich ein. Das Bildungswesen wurde reformiert, und neben bestehende städtische Schulen wie die des berühmten Rechenmeisters Adam Ries in Annaberg traten noch fürstliche Landesschulen in Grimma, Meißen und Pforta, an denen begabte Kinder aus allen Schichten auf das Universitätsstudium vorbereitet wurden. Nach 1546 vereinte das Kurfürstentum mit Leipzig und Wittenberg gleich zwei Universitäten auf sich und wurde zur Heimstatt für herausragende Theologen, Historiker, Juristen, Mediziner und Mathematiker. In

Leipzig etablierten sich bis 1550 insgesamt elf Buchdrucker und machten die Stadt zum bedeutendsten Druckort in Sachsen.

Die kurfürstliche Kunstkammer im Dresdner Schloss, die zweitälteste ihrer Art im ganzen Reich, bezeugt mit Globen, Uhren, Kalendern, Landkarten, geometrischen Instrumenten, Kompassen, Edelsteinen und Gläsern das wissenschaftliche Interesse der sächsischen Landesherren. Baumeister von europäischem Rang bauten zu dieser Zeit in Dresden und Leipzig neue Festungsanlagen und errichteten Renaissance-Schlösser wie Moritzburg (erbaut 1542–46), Augustusburg (1568–73) und Annaburg (1572–75).

Kaufleute, Kurfürsten, Könige

Zwischen Dreißigjährigem Krieg und dem Zeitalter Augusts des Starken

1618

Auf dem Weg in den großen Krieg

Das 17. Jahrhundert sollte zunächst nicht viel Gutes für das albertinische Kurfürstentum Sachsen bringen. Die religiösen Konflikte hatten sich schon im letzten Jahrzehnt des vorigen Jahrhunderts verschärft. Neben das Luthertum war in der »zweiten Reformation« noch der Calvinismus getreten, den Kurfürst Christian I. gegen den Widerstand seiner lutherischen Untertanen einzuführen versucht hatte.

Zwei Jahre nach seinem Tod kam es 1573 in Leipzig, Dresden und anderen sächsischen Städten zu tumultartigen Ausschreitungen gegen Bürger, die man verdächtigte, Calvinisten zu sein; der ehemalige kurfürstliche Kanzler Nicolaus Krell wurde unter dem gleichen Verdacht in der Festung Königstein inhaftiert und später in Dresden hingerichtet.

Trotz der theologischen Differenzen schlossen sich die evangelischen Reichsfürsten im Jahr 1608 zu einem Verteidigungsbündnis gegen den Kaiser und die katholischen Standesgenossen zusammen. Kursachsen schloss sich dieser »Union« allerdings nicht an, sondern betrieb erneut eine betont kaiserfreundliche Politik. Vom Kaiser erhoffte man sich Unterstützung im Streit um das Erbe des kinderlos verstorbenen Herzogs von Jülich, Cleve und Berg. Kursachsen konnte sich zwar auf seine Anwartschaft von 1485 berufen, konkurrierte aber mit Brandenburg und Pfalz-Neuburg, die ebenfalls Ansprüche erhoben.

Obwohl Kaiser Rudolf II. den sächsischen Kurfürsten mit dem niederrheinischen Territorium belehnte, waren Brandenburg und Pfalz-Neuburg dort bereits einmarschiert und teilten die Beute 1614 untereinander auf. Sachsen ging leer aus. Dieses Ereignis trug nicht unwesentlich zu dem immer stärker werdenden Konflikt zwischen Brandenburg und Kursachsen bei.

Im Streit der protestantischen böhmischen Stände mit dem Kaiser, an dem sich 1618 der Dreißigjährige Krieg entzünden sollte, wahrte der sächsische Kurfürst Johann Georg I. zunächst Neutralität, obwohl beide Parteien um ihn warben. Das verlockende Angebot von evangelischer Seite, die böhmische Königskrone anzunehmen, schlug er 1619 aus. Ein Jahr später ließ er sich vom katholischen Kaiser auf dessen Seite ziehen: Gegen das Versprechen von territorialem Zugewinn und Erstattung der Kriegskosten eroberte Johann Georg die zu Böhmen gehörigen Markgrafschaften Ober- und Niederlausitz. In den weiteren Kriegsverlauf griff er jedoch nicht ein, sondern blieb neutral. Das änderte sich erst, als

Im späten 16. Jahrhundert verschärften sich die religiösen Spannungen. In vielen sächsischen Städten, wie hier in Leipzig, plünderten evangelische Einwohner die Häuser von Calvinisten.

Kaiser Ferdinand II. im Jahr 1629 das so genannte Restitutionsedikt erließ, in dem bestimmt wurde, dass der nach dem Augsburger Religionsfrieden von 1555 säkularisierte Kirchenbesitz wieder an die katholische Kirche zurück fallen solle. Damit sah der sächsische Kurfürst seinen eigenen Besitzstand in Gefahr und schlug sich nun doch auf die Seite des protestantischen Lagers, das zudem durch das Eingreifen des Schwedenkönigs Gustav Adolf gerade Oberhand gewonnen hatte. Dieser Seitenwechsel führte allerdings dazu, dass kaiserliche Truppen unter General Wallenstein 1633 in die Lausitzen einfielen. Johann Georg konnte die Markgrafschaften zwar zurück erobern, aber um sich ihren Besitz dauerhaft zu sichern, musste er wieder Verhandlungen mit dem Kaiser aufnehmen: Ergebnis war im Frühjahr 1635 der Frieden von Prag, in dem Kursachsen das protestantische Lager verließ und sich erneut neutral stellte. Dafür wurden ihm nicht nur das Erzbistum Magdeburg zugesprochen, sondern auch die beiden Lausitzen.

Aufgrund der sächsischen Neutralitätspolitik nahmen beide Kriegsparteien nunmehr wenig Rücksicht auf das Land, und so wurde Kursachsen nach 1635 zu einem der Hauptschauplätze des Dreißigjährigen Krieges und litt unter Plünderungen und Brandschatzungen der durchziehenden Heere. Die schwedischen Truppen verheerten 1637 Meißen, eroberten 1639 Pirna und Zwickau, 1642 Leipzig und Zittau und fielen 1645 erneut in Meißen ein. Das Land fand erst mit dem Westfälischen Frieden von 1648 seine Ruhe.

Obwohl Kursachsen politisch zu den Gewinnern des Dreißigjährigen Krieges gehörte, da seine Gebietsgewinne bestätigt und seine Stellung im Reich gefestigt wurden, waren die Folgen des Krieges katastrophal: Viele Städte waren teilweise zerstört, Torgau etwa hatte zwei Drittel seines Hausbestandes verloren; einige Städte und Dörfer waren von durchmarschierenden Truppen sogar völlig niedergebrannt und entvölkert worden. Durch unmittelbare Kriegseinwirkung und die mehrfach grassierende Pest hatte sich die Bevölkerung Kursachsens im Vergleich zum Jahr 1600 nahezu halbiert. Plünderungen und Kontributionsforderungen hatten die verbliebenen Bauern und Stadtbürger schwer geschädigt.

Schwedische Truppen belagerten im Dreißigjährigen Krieg auch das Schloss Pleißenburg bei Leipzig.

Wiederaufbau

Die Jahrzehnte nach dem Dreißigjährigen Krieg dienten naturgemäß dem Wiederaufbau des schwer geschädigten Landes. Dabei profitierte Sachsen davon, dass es zum Ziel vieler evangelischer Glaubensflüchtlinge aus Böhmen wurde. Dieser Zustrom trug dazu bei, dass sich die kursächsische Bevölkerung von etwa 535.000 Menschen im Jahr 1650 auf 1,3 Millionen im Jahr 1750 erhöhte. Die Belastung der sächsischen Bauern, insbesondere durch die steigenden Arbeitsdienste für ihre Grundherren, führte zu zahlreichen Unruhen, die erst nach der Jerisauer Bauernschlacht von 1676 abebbten.

Die wirtschaftliche Erneuerung ging einher mit der Gründung der Leipziger Blaufarbenwerkskompagnie 1659 und der Erzgebirgischen Blechkompagnie 1668. Im oberen Erzgebirge florierte die Posamentenherstellung, im Chemnitzer Umland die Strumpfwirkerei, im Vogtland das Textilhandwerk. In Dresden, Leipzig und Chemnitz entstanden Manufakturen, in denen erstmals arbeitsteilig Seide und Wolle gesponnen sowie Tuche gewebt wurden. Die Leipziger Messe, die von den Markgrafen bereits um 1168 gegründet worden war, entwickelte sich weiter zum wichtigsten Fernhandelszentrum der Region, aber auch Dresden profitierte stärker vom Warenverkehr auf der Elbe, seitdem Konkurrent Magdeburg im Dreißigjährigen Krieg zerstört worden war.

Kurfürst Johann Georg I. förderte zwar den Aufschwung in Handel und Gewerbe, politisch jedoch schwächte er das Land, indem er es testamentarisch unter seinen vier Söhnen aufteilte: Neben das sächsische Kurfürstentum mit Sachsen-Wittenberg, Meißen, Leipzig, Magdeburg, Mansfeld, dem Erzge-

Der Frohnauer Hammer ist ein Beispiel für technische Innovationen des 17. Jahrhunderts.

nischen Allianz« an. Im Jahr 1673 wechselte er zum zweiten Mal die Fronten, um dann zwei Jahre später wiederum an der Seite Frankreichs gegen Schweden und Brandenburg zu kämpfen.

Eine Neuordnung des Münzwesens, die Einführung neuer Steuern und die Steigerung des Ertrags in den erzgebirgischen Silbergruben durch technische Verbesserungen legten das Fundament für eine zeitgemäße Hofhaltung mit prächtigen Festen und für die Etablierung eines stehenden Heeres von 10.000 Mann. Im Jahr 1683 zog diese Armee nach Wien, um gemeinsam mit polnischen und bayerischen Truppen die Türken zu vertreiben. In dieser Zeit brachten die sächsischen Soldaten die Kaffeehauskultur nach Sachsen.

Kulturell erlebte das Land in der zweiten Hälfte des 17. Jahrhunderts eine neue Blüte. Unter dem Oberlandbaumeister Wolf Caspar von Klengel begann die Phase der barocken, von Italien inspirierten Architektur: so mit dem Umbau des Dresdner Schlosses, der Renovierung der Schlosskapelle und dem Neubau eines Opern- und Komödienhauses am Taschenberg. In den Jahren 1674 bis 1676 erhielt der Hausmannsturm seine das Stadtbild prägende oktogonale Form mit Kuppelhaube, Laterne und Spitze. Klengels Nachfolger Johann Georg Starcke vollendete später die architektonische Pracht in der Landeshauptstadt.

Religiös entwickelte sich Sachsen zu einem Zentrum des Pietismus: Der Begründer dieser evangelischen Glaubensrichtung, der Elsässer Philipp Jacob Spener, war seit 1686 Oberhofprediger in Dresden, wurde jedoch nach einem Streit mit dem Kurfürsten wenige Jahre später wieder aus dem Lande gedrängt, ähnlich wie August Hermann Francke, der später in Halle die berühmten Franckeschen

birge und der Oberlausitz traten die Nebenlinien Sachsen-Zeitz (bis 1718), Sachsen-Merseburg (bis 1738) und Sachsen-Weißenfels (bis 1746). Während in anderen Territorien der Trend zum Absolutismus ging, musste Kurfürst Johann Georg II. den Landständen stark entgegen kommen, um ihre Unterstützung gegen das Streben seiner Brüder nach allzu großer Eigenständigkeit zu gewinnen.

Kursachsen führte die im Dreißigjährigen Krieg bewährte Tradition fort, sich auf Seiten der Habsburger zu stellen, so lange es der eigenen Position dienlich schien: So gehörte Johann Georg II. im Jahr 1658 zu den Kurfürsten, die sich gegen die Wahl des französischen Sonnenkönigs zum deutschen Kaiser sperrten. Sechs Jahre später jedoch ging er ein Bündnis mit Frankreich ein und schloss sich vorübergehend der antikaiserlichen »Rhei-

Stiftungen ins Leben rief. In der Oberlausitz gründete Nikolaus Ludwig Graf von Zinzendorf im Jahr 1722 die Herrnhuter Brüdergemeinde, eine pietistische Gemeinschaft, die durch rege Missionstätigkeit auch weltweit Bedeutung gewann.

Das »augusteische Zeitalter«

Als bekanntester und vielleicht bedeutendster unter den sächsischen Herrschern bestieg im Jahr 1694 Kurfürst Friedrich August I. den Thron. Der wegen seiner Körperkraft mit dem Beinamen »der Starke« versehene Kurfürst strebte danach, in Sachsen ein absolutistisches Regiment durchzusetzen und sich zugleich außenpolitisch in den Kreis der europäischen Großmächte einzureihen. Eine wichtige Etappe auf diesem Weg war sein Streben nach der polnischen Königskrone. Unterstützt vom deutschen Kaiser und vom russischen Zaren und unter Aufbietung erheblicher Bestechungsgelder, setzte er sich tatsächlich gegen zwei andere Kandidaten durch und ließ sich am 15. September 1697 in Krakau als August II. zum König von Polen krönen.

Mit dem Streben nach einem Königstitel stand er zu seiner Zeit keineswegs allein. Vier Jahre später erhob sich der brandenburgische Kurfürst zum König »in« Preußen, die Herzöge von Hannover wurden 1714 Könige von Großbritannien und Irland und 1720 bestieg der Landgraf von Hessen-Kassel den schwedischen Thron. Eine solche Rangerhöhung war für deutsche Fürsten nur außerhalb des Heiligen Römischen Reiches deutscher Nation zu erlangen. Für Sachsen war es daher ein Glücksfall, dass es im Nachbarland Polen keine Erbmonarchie gab, sondern ein Wahlkönigtum.

1697

Die Kaffeehauskultur brachten sächsische Soldaten aus den Türkenkriegen mit (Leipziger »Coffe Baum«).

Die Bewerber mussten allerdings – das war die einzige Voraussetzung – der katholischen Konfession angehören. Daher blieb August nichts anderes übrig, als zur Empörung der sächsischen Bevölkerung zum Katholizismus zu konvertieren. So herrschte in Kursachsen von nun an ein katholischer Herrscher über mehrheitlich evangelische Untertanen; und dieser Zustand sollte sich bis zur Abdankung der Wettiner im 20. Jahrhundert nicht mehr ändern.

Das neu erworbene Königreich Polen, mehr als zwanzigmal so groß wie das Kurfürstentum Sachsen, führte August den Starken mitten in den Streit der europäischen Großmächte. Vor allem der Nordische Krieg (1700–21), in dem Kursachsen/Polen an der Seite von Russland und Dänemark gegen Schweden kämpfte, überforderte das Land

König August der Starke (links) und der preußische Kurfürst Friedrich Wilhelm I. Nach dem Tod der beiden Monarchen kam es zum Krieg.

militärisch und wirtschaftlich. Nach schweren Niederlagen gegen die schwedische Armee musste August von 1704 bis 1709 sogar wieder auf die polnische Königskrone verzichten, die zeitweilige Einquartierung schwedischer Truppen in Sachsen kostete das Land 35 Millionen Reichstaler.

Da August der Starke zunächst zwei Reiche zu regieren hatte, war es ein Gebot der Notwendigkeit, auch in Sachsen die Verwaltung auf neue Grundlagen zu stellen. Noch vor Preußen und Österreich führte August mit dem Geheimen Kabinett 1706 eine aus einzelnen Fachministern bestehende Zentralbehörde ein. Das sächsische Heer wurde zu einer gut ausgebildeten und modern bewaffneten Armee von 30.000 Mann verstärkt, die der Kurfürst 1730 im »Zeithainer

Lager« seinen europäischen Herrscherkollegen vorführte. An diesem sorgfältig inszenierten Manöver nahm als Zuschauer auch der preußische Kronprinz Friedrich, der spätere Friedrich der Große, teil. Aus dieser Zeit stammte dessen Abneigung gegenüber dem sächsischen Herrscherhaus, was in kommenden Jahrzehnte fatale Folgen haben sollte.

Der Außenwirkung dienten auch die pompösen Feste, Maskenbälle, Jagden und Schlittenfahrten, die am königlichen Hof in Dresden und Warschau stattfanden. August der Starke dokumentierte damit, dass er sich mit den anderen Monarchen seiner Zeit auf Augenhöhe befand. Unzählige Architekten, Maler, Bildhauer, Gold- und Silberschmiede, Musiker und Tänzer waren am Hof beschäftigt, um zu besonderen Anlässen, etwa beim

Besuch des dänischen Königs zum Karneval 1709, die Inszenierung und Ausstattung von Festen, Turnieren, Feuerwerken und Umzügen zu gestalten. Überhaupt beschäftigte der königliche Hof zu Beginn des 18. Jahrhunderts mehr Bedienstete als alle oberen Verwaltungsbehörden zusammen. Auf europäischem Niveau lag ebenfalls Augusts sprichwörtliche Mätressenwirtschaft: Mit sechs Nebenfrauen, darunter der berühmten Anna Konstanze Gräfin von Cosel, zeugte er im Laufe seines Lebens acht außereheliche Kinder. Da der sächsische König seine Affären weniger streng vor der Öffentlichkeit verbarg als andere Herrscher, verbreiteten sich allerdings bald Gerüchte über sein angeblich ausuferndes Liebesleben, dem mehrere hundert Nachkommen entsprossen sein sollten.

Dresden entwickelte sich in der augusteischen Zeit zu einer der prächtigsten Residenzen Europas, zum »Deutschen Florenz«, wie Johann Gottfried Herder im Jahr 1802 rückblickend urteilte. Künstler wie Oberlandbaumeister Matthäus Daniel Pöppelmann, Ratszimmermeister George Bähr und Hofbildhauer Balthasar Permoser gestalteten so berühmte Bauten wie den Zwinger, die Augustusbrücke, die Frauenkirche und das Taschenbergpalais, das als schlossnaher Wohnsitz für die Gräfin Cosel angelegt wurde. Die Gräfin musste jedoch 1712 auf die Burg Stolpen umziehen – dorthin wurde sie verbannt, nachdem sie beim König in Ungnade gefallen war.

Für die Nachwelt überliefert ist das »augusteische« Dresden in den berühmten Veduten, die der Maler Bernardo Bellotto, genannt Canaletto, in den 1740er Jahren malte. Der Kurfürst ließ auch das »Grüne Gewölbe« neu ausgestalten, in dem er 1723 erstmals die Schätze seiner Kunstkammer öffentlich prä-

Anna Konstanze Gräfin von Cosel war sieben Jahre lang die Mätresse des Königs.

sentierte, darunter die berühmten Werke des Hofjuweliers Johann Melchior Dinglinger. Im ursprünglich als Pferdestall konzipierten Johanneum wurde seit 1722 die ständig wachsende königliche Gemäldesammlung ausgestellt. Für diese Sammlung, die heute noch den Grundstock der Dresdener Gemäldegalerie bildet, wurden Meisterwerke der Renaissance und des Barock aus ganz Europa angekauft, viele davon allerdings erst vom kunstsinnigen Sohn Augusts des Starken. Im Jahr 1754 kaufte dieser zum Beispiel Raffaels »Sixtinische Madonna«, die zum Symbol für die herausragende Bedeutung der Sammlung als Anziehungspunkt für Bildungsreisende aus aller Welt wurde.

Währenddessen entwickelte sich Leipzig zu einem »klein[en] Paris«, wie es in Goethes

Die Anlage des Dresdner Zwingers für höfische Feste ist ein Meisterwerk barocker Architektur von Matthäus Daniel Pöppelmann und Balthasar Permoser.

»Faust« heißt, nämlich zum Zentrum des deutschen Buchhandels und der deutschen Literatur- und Musikszene: Hier wirkten Schriftsteller wie Christian Fürchtegott Gellert, Johann Christoph Gottsched und Gotthold Ephraim Lessing, während auf musikalischem Gebiet der Thomaskantor Johann Sebastian Bach Herausragendes leistete.

Um die Kosten für Militär und Repräsentation decken zu können, intensivierte August der Starke die von seinen Vorfahren begonnenen Bemühungen um die wirtschaftliche Entwicklung Kursachsens. So entstanden zwischen 1694 und 1733 unter herrschaftlicher Protektion 26 Textil-, Metall-, Glas-, Spiegel- und Gewehrmanufakturen, vor allem in Leipzig, Dresden und Chemnitz. 1710 gründete der Landesherr selbst die Meißner Porzellanmanufaktur, in der mit großem Erfolg das von Ehrenfried Walther von Tschirn-

haus und Johann Friedrich Böttger erfundene Porzellan produziert wurde. Auch der sächsische Handel florierte: Vor allem Leipzig mit seinen Messen wurde bald zum »Marktplatz Europas« mit Verbindungen bis nach Frankreich, England, Holland, Italien, Polen und Russland.

Auf wirtschaftlichem Gebiet zeichneten sich allerdings erneut Konflikte mit Brandenburg-Preußen ab, das mit seinem Oder-Spree-Kanal gegen die traditionell durch Sachsen führenden Handelswege konkurrierte, sächsische Manufakturarbeiter abwarb und den Transport von sächsischen Produkten blockierte. Es kam zu einem regelrechten »Zollkrieg« zwischen den beiden Nachbarn, der erst 1728 mit einem Handelsvertrag beendet werden konnte.

Die verhinderte Großmacht

Vom Hubertusburger Frieden bis zum Ende der sächsischen Monarchie

Auf dem Weg in den Siebenjährigen Krieg

Um die wettinische Herrschaft in Polen dauerhaft zu sichern, hatte August der Starke seinen nach kursächsischer Tradition evangelisch erzogenen Sohn zur Annahme des katholischen Glaubens bewegt und ihn mit der habsburgischen Kaisertochter Maria Josepha vermählt. Tatsächlich gelang es Kurfürst Friedrich August II., ein Jahr nach dem Tod seines Vaters, mit österreichischer und russischer Unterstützung den polnischen Gegenkandidaten vom Thron zu stoßen und sich als August III. zum König von Polen krönen zu lassen. Die Politik des entscheidungsschwachen neuen Königs wurde allerdings von seinen engsten politischen Beratern bestimmt, seit 1740 nahezu ausschließlich von Heinrich Graf von Brühl, für den 1746 eigens das Amt eines Premierministers geschaffen wurde.

Im Zentrum der kursächsischen Außenpolitik stand das Streben nach einer Landverbindung zwischen Sachsen und Polen, ein Ziel, das bereits August der Starke vergeblich verfolgt hatte. Diese Verbindung konnte nur durch das zwischen Preußen und Österreich umstrittene Schlesien führen. Kursachsen musste sich dabei auf die Seite einer der beiden Parteien stellen, um sein Ziel zu errei-

chen: August III. entschied sich für Preußen, dessen König Friedrich II. kurz nach seinem Regierungsantritt 1740 Schlesien besetzte. Zwar waren sächsische Truppen am militärischen Sieg maßgeblich beteiligt, aber im Friedensvertrag zwischen Preußen und Österreich blieb das Land unberücksichtigt.

1756

Die Enttäuschung darüber trieb Sachsen an die Seite Österreichs und Russlands: Im Zweiten Schlesischen Krieg, der 1744 begann, kämpfte die sächsische Armee nun auf österreichischer Seite gegen Preußen. Nach seinem Sieg in der Schlacht von Kesselsdorf konnte Friedrich der Große jedoch 1745 in Dresden einziehen und seinen Gegnern einen Friedensvertrag diktieren, der ihm den Besitz Schlesiens bestätigte und Kursachsen zur Zahlung von einer Million Taler Kriegsentschädigung verpflichtete.

In den folgenden Jahren versuchte Kursachsen, durch eine gezielt antipreußische Diplomatie seinen verspielten Rang wiederzuerlangen. Diese Politik endete jedoch im Siebenjährigen Krieg gegen Preußen (1756–63) mit einem erneuten militärischen Desaster. Ohne vorherige Kriegserklärung fiel 1756 die zahlenmäßig weit überlegene preußische Armee in Kursachsen ein und besetzte innerhalb weniger Wochen Torgau, Leipzig und Dresden. Der Kurfürst und sein Premi-

Dem Siebenjährigen Krieg mit Preußen fiel auch die Dresdner Kreuzkirche zum Opfer.

erminister Brühl flohen nach Warschau, wo sie bis zum Ende des Krieges blieben. Unterdessen stand das Land unter preußischer Militärverwaltung, die gesamte sächsische Armee wurde ins preußische Heer gepresst, die Einwohner durch Einquartierungen und Kontributionsforderungen nahezu ruiniert. Während der folgenden Kriegsereignisse, in denen August III. mit Hilfe von Russland, Österreich, Schweden und Frankreich sein angestammtes Territorium zurückzuerobern suchte, wurde das Land zudem durch zahlreiche Durchmärsche, Belagerungen und Plünderungen verheert; allein Dresden verlor über 400 Gebäude, darunter die Kreuzkirche.

Als im Jahr 1763 immer noch keine militärische Entscheidung herbei geführt war, entschlossen sich die finanziell erschöpften Kriegsparteien, über einen Friedensschluss zu verhandeln. Als Ort wählte Friedrich der Große ausgerechnet das kurfürstliche Schloss Hubertusburg, in dem nach den von seinen Soldaten verübten Plünderungen nur mit Mühe ein Raum für die Verhandlungen hergerichtet werden konnte. Der dort geschlossene Hubertusburger Frieden sprach August III. das sächsische Kurfürstentum unvermindert wieder zu. Dennoch hatte Sachsen in diesem Krieg nicht gewonnen: Während Preußen in den Kreis der europäischen Großmächte aufstieg, musste das finanziell ruinierte Kursachsen seine polnischen Ambitionen aufgeben und wurde letztlich in die außenpolitische Bedeutungslosigkeit entlassen.

Als der polnische Reichstag knapp dreißig Jahre später dem sächsischen Kurfürsten

Vom Leipziger Markt (um 1820) gingen die sächsischen Erzeugnisse bis nach Übersee.

erneut die Krone antrug, musste dieser das Angebot ablehnen. Den Kräften Russlands, Preußens und Österreichs, die Polen in drei Anläufen unter sich aufteilten, bis 1794 nichts mehr davon übrig war, konnte er nichts entgegensetzen. Die kulturellen Bindungen zwischen Sachsen und Polen blieben indes bis ins 19. Jahrhundert hinein bestehen. Dresden wurde sogar zu einem Sammelpunkt für polnische Freiheitskämpfer im Exil.

Die sächsische industrielle Revolution

August III. und sein Berater Brühl starben noch im Jahr 1763. Die Politik der nachfolgenden Kurfürsten war geprägt vom Verzicht auf die polnische Königskrone, von der Reduzierung des sächsischen Heeres, der Einschränkung der Staatsausgaben und der Neuordnung des Finanzwesens. Während das Land unmittelbar nach dem Krieg noch zwei Drittel seiner Steuereinnahmen für Zinsen und Tilgung seines Schuldenbergs aufwenden musste, erzielte der Staatshaushalt 1774 erstmals wieder einen Überschuss. Im Ausland beobachtete man die Erfolge der sächsischen Verwaltungsreform und Wirtschaftsförderung aufmerksam; führende sächsische Beamte wurden in der Folge von Preußen, Russland und England abgeworben.

Die liberale sächsische Wirtschaftspolitik führte zu einem nochmaligen Aufschwung des Manufakturwesens, das allmählich nach englischem Vorbild in die erste Phase der industriellen Revolution einmündete. Zwischen 1763 und 1800 entstanden in Kursachsen 150 neue Manufakturen, vor allem in Leipzig, Dresden, Chemnitz und der südlichen Oberlausitz, aber auch im Raum zwischen Zwickauer Mulde, Zschopau und Freiberger Mulde. Hergestellt wurden in dieser Manufaktur vor allem Textilien wie Leinwand, Seide, Tuch und Wolle, daneben Glas, Tapeten, Farben, Porzellan, Strümpfe und Musikinstrumente. Die in Leipzig ansässigen Handelshäuser exportierten diese Waren nach Nord- und Südamerika, Westindien, Russland, Polen, auf den Balkan sowie nach Italien und Spanien. Als nach dem Ende der Napoleonischen Kriege und der von Napoleon verhängten Kontinentalsperre die Konkurrenz billiger englischer Fabrikwaren auch auf dem europäischen Festland überhand nahm, begann in Kursachsen endgültig der Übergang von der noch handwerklich strukturierten Manufaktur zur ungleich rationelleren maschinellen Fabrikproduktion.

Schon in den 1780er Jahren waren in Zschopau und Chemnitz erste Spinnmaschinen erfunden worden. Der unersättliche Bedarf an Baumwollgarn, insbesondere für die Strumpfherstellung im Chemnitzer Raum, führte aber zusätzlich zur Anschaffung von englischen Maschinen. 1798 entstand in Harthau bei Chemnitz die erste und größte komplette englische Baumwoll-Maschinenspinnerei in Kursachsen: In einem achtstöckigen Haus installierte der aus Manchester stammende Evan Evans eine Anlage mit 14.970 Spindeln! Bis 1830 nahm die Entwicklung des sächsischen Fabrikwesens einen rasanten Aufschwung, nicht nur in der Textilindustrie, sondern auch in der Metallverarbeitung und der Papierherstellung. Sachsen wurde zum Motor der industriellen Revolu-tion in Deutschland. Damit einher ging auch eine Konzentration der Bevölkerung in den industriellen Ballungszentren: Zwischen 1750 und 1840 verdoppelte sich die Einwohnerzahl von Städten wie Chemnitz, Hainichen, Kirchberg bei Zwickau, Lößnitz, Meerane, Oederan, Plauen, Werdau und Zwönitz.

Französische Revolution und Napoleonische Kriege

Die wirtschaftlichen, sozialen und geistigen Veränderungen des späten 18. Jahrhunderts brachten die politischen Verhältnisse ins Wanken. Die Ideen der Französischen Revolution konnten in einem Land, das Zentrum des Buchdrucks und Zeitungswesens war, kaum unterdrückt werden. Die Bauernaufstände, die 1790 in der Sächsischen Schweiz und im Gebiet von Lommatzsch ihren Anfang nahmen, griffen allerdings nicht auf das Bürgertum in den Städten über; sie wurden mit militärischer Gewalt binnen weniger Tage unterdrückt.

Der sächsische Kurfürst und seine Minister waren bemüht, keine gesellschaftlichen Veränderungen zuzulassen. Als das französische Revolutionsheer die Reichsgrenze überschritt, gab Sachsen daher seine bisher verfolgte Neutralitätspolitik auf und erklärte Frankreich den Krieg. Der Feldzug der deutschen Fürsten endete jedoch mit einer Niederlage, die zur erzwungenen Abtretung der linksrheinischen Reichsgebiete an Frankreich führte. In dem folgenden innerdeutschen Länderschacher, bei dem es zur zweiten großen Säkularisierung von Kirchengut nach der Reformationszeit kam, ging Sachsen – anders als Preußen, Württemberg oder Baden – weitgehend leer aus.

Anfang des 19. Jahrhunderts florierte die Textilindustrie, es entstanden mehrgeschossige Fabrikgebäude wie diese Chemnitzer Baumwollspinnerei.

Im Jahr 1806 erklärten die zum pro-französischen Rheinbund zusammen geschlossenen süd- und westdeutschen Fürsten ihren Austritt aus dem Heiligen Römischen Reich deutscher Nation und provozierten damit dessen Auflösung. Sachsen stand nun vor der Wahl, sich dem Rheinbund (und damit Frankreich) oder einer der beiden deutschen Großmächte anzuschließen. Da Österreich sich in einer Phase außenpolitischer Schwäche befand, stellte sich der sächsische Kurfürst an die Seite Preußens, das gerade dabei war, sich in einen schlecht vorbereiteten Krieg mit Frankreich zu stürzen: In der Schlacht von Jena und Auerstädt erlitt das gemeinsame preußisch-sächsische Heer am 14. Oktober 1806 eine vernichtende Niederlage gegen Napoleon.

Sachsen wurde unter französische Verwaltung gestellt, bekam aber ein wesentlich milderes Friedensangebot als Preußen. Das Land musste dem Rheinbund beitreten und die Gebiete zwischen Erfurt und dem Eichsfeld an das neu gegründete Königreich Westphalen abtreten. Dafür wurde es aber zum Königreich erhoben, erhielt aus preußischem Besitz das Gebiet um Cottbus und mit dem neu gegründeten Herzogtum Warschau sogar ein Stück vom einstmals sächsischen Polen.

Kurfürst Friedrich August III. wurde somit im 43. Jahr seiner Herrschaft zu König Friedrich August I. – und entwickelte sich zu einem der treuesten Vasallen Napoleons. Sächsische Truppen standen in den folgenden Kriegen auf französischer Seite – bis hin zum

Die Völkerschlacht bei Leipzig im Oktober 1813 endete mit dem Rückzug Napoleons und der Inhaftierung seines Verbündeten, des sächsischen Königs Friedrich August I.

Russlandfeldzug von 1812, aus dem von den 21.000 Sachsen nur ein Bruchteil zurückkehrte. Im Jahr darauf wurde Sachsen – einmal mehr in seiner Geschichte – selbst zum Schlachtfeld: Im Mai und August 1813 errang Napoleon in der Oberlausitz und bei Dresden noch Siege gegen die preußisch-russische Allianz, vom 16. bis 19. Oktober unterlag er jedoch in der berühmten Völkerschlacht bei Leipzig. Für Leipzig und seine Umgebung waren die unmittelbaren Auswirkungen dieser Schlacht, bei der über ein Viertel der eingesetzten 500.000 Soldaten niedergemetzelt wurde, katastrophal: Über 60 Dörfer wurden schwer beschädigt, einige sogar dem Erdboden gleichgemacht, und die Bewohner von Leipzig litten in der Folge an einer

akuten Nahrungsmittelknappheit. Auch für Sachsen im Ganzen waren die Folgen der Völkerschlacht gravierend: Obwohl einige tausend sächsische Freiwillige auf alliierter Seite mitgekämpft hatten, wurde das Land als Besiegter behandelt. König Friedrich August I., der allzu lange gezögert hatte, sich aus dem napoleonischen Bündnis zu lösen, wurde als Gefangener nach Friedrichsfelde bei Berlin gebracht. Sein Land wurde erst unter russische, dann unter preußische Militärverwaltung gestellt und musste bis zum Beginn der endgültigen Friedensverhandlungen Kriegskontributionen leisten und Truppen stellen. Preußen machte auf dem 1814 beginnenden Wiener Kongress keinen Hehl daraus, dass es sich Sachsen am liebsten vollständig

Auch in Dresden profitierte das Bürgertum im 19. Jahrhundert vom Aufschwung in Handel und Industrie. Hier ein Blick vom Elbufer auf die Brühlschen Terrassen.

einverleibt hätte. Das scheiterte zwar am Widerstand Russlands, Österreichs und der deutschen Mittelstaaten, im Pressburger Vertrag vom 18. Mai 1815 musste der sächsische König jedoch der Abtretung von mehr als der Hälfte seines Landes an Preußen zustimmen.

Restauration und Revolution

Schon in der napoleonischen Zeit hatte die sächsische Regierung tiefer gehende politische Reformen zu vermeiden gewusst. Diese Strategie verfolgte sie nun auch im verkleinerten Staat weiter. Die burschenschaftliche Studentenbewegung, die nach 1815 in ganz Deutschland zum Träger der nationalen Einheitsbewegung und zum Sprachrohr bürgerlicher Forderungen geworden war, wurde auch in Leipzig – der einzig verbliebenen sächsischen Universität – konsequent unterdrückt. Im Zeichen des Biedermeier gedieh wie überall im Reich die eher unpolitische Kultur. Der Komponist Carl Maria von Weber wurde 1816 zum Leiter der Deutschen Oper in Dresden ernannt, der Dichter Ludwig Tieck prägte ab 1819 das literarische Leben in der Landesmetropole. Mit Caspar David Friedrich und Carl Gustav Carus entwickelte sich die Landeshauptstadt auch zu einem Zentrum der romantischen Malerei. Zugleich schritt die industrielle Entwicklung des Landes voran, unterstützt durch Gründungen wie die Technische Bildungsanstalt in Dresden (1828)

»Es lebe die Freiheit! Nieder mit der Polizei!« – Die aufgebrachten Einwohner Leipzigs stürmten am 4. September 1830 das Haus des Polizeipräsidenten.

und die Forstakademie in Tharandt (1829). Im Mai 1827 starb nach 64-jähriger Regierungszeit König Friedrich August I. Die Hoffnung auf frischen Wind in der Regierungspolitik wurde allerdings enttäuscht, als der ebenfalls schon über siebzigjährige Bruder des Königs, Anton, den Thron bestieg. Der wachsende Unmut über drückende Steuern, die allgemeine Verschlechterung der wirtschaftlichen Lage, die politische und gesellschaftliche Bedeutungslosigkeit des Bürgertums kamen in kritischen Zeitschriften wie der Wochenschrift »Die Biene« zum Ausdruck. Im Sommer 1830, beflügelt von den revolutionären Unruhen in Paris, steigerte sich der Unmut in Sachsen zum offenen Aufruhr. Zuerst demonstrierten wütende Leipziger Bürger nach einem brutalen Polizeieinsatz gegen feiernde Schmiedegesellen. Unter Rufen »Es lebe die

Freiheit! Nieder mit der Polizei!« demolierten sie Fenster und Häuser und erzwangen auf diese Weise den Rücktritt des Leipziger Polizeipräsidenten.

Wenige Tage später kam es in Dresden zu Ausschreitungen zwischen Demonstranten und dem gegen sie eingesetzten Militär. Zuletzt griffen die Unruhen auf ganz Sachsen über, sie inspirierten aber auch Erhebungen in den benachbarten Staaten wie Hessen, Hannover und Braunschweig. Um die allgemeine Stimmung zu beruhigen, kündigte die sächsische Regierung rasche Reformen an, aber erst am 4. September 1831 wurde die Hauptforderung der Protestierenden erfüllt: die Verabschiedung einer schriftlichen Verfassung. Diese Verfassung, mit Kanonendonner und Feuerwerk gefeiert, machte Sachsen zu einer konstitutionellen Monarchie. Sie regelte vor allem den Aufbau von Regierung, Verwaltung und Justiz, garantierte aber auch erstmals bürgerliche Rechte wie die Freiheit der Person, des Eigentums, der Religionsausübung und der Berufswahl. Als parlamentarische Vertretung der Staatsbürger wurde ein Landtag eingerichtet, der nach englischem Vorbild in zwei Kammern aufgeteilt war: Die erste Kammer entsprach den alten Landständen, in der zweiten Kammer saßen 25 Vertreter der Städte, 25 Vertreter des Bauernstandes, 20 Rittergutsbesitzer und fünf Angehörige von Handel und Industrie. Ein Zensuswahlrecht verwehrte allerdings den weniger betuchten Bürgern die Teilnahme an den Wahlen.

Die weiteren Reformschritte betrafen die Einführung der kommunalen Selbstverwaltung, die Neuordnung der Verwaltung, die Modernisierung der besonders rückständigen und umständlichen sächsischen Justiz, die Einführung der allgemeinen Wehrpflicht und einer achtjährigen Schulpflicht für alle Kinder sowie eine Agrarreform, bei der den Bauern staatliche Kredite gewährt wurden, mit denen sie sich von den Abgaben an ihre ehemaligen Feudalherren freikaufen konnten. Dieses System war so erfolgreich, dass es später in vielen anderen deutschen Staaten nachgeahmt wurde.

Die sächsische Wirtschaft entwickelte sich vor allem nach dem Beitritt Sachsens zum Deutschen Zollverein 1834 rasant. Das Land wurde zum Zentrum der deutschen Textilindustrie: 1846 arbeiteten drei Viertel der sächsischen Lohnarbeiter in diesem Bereich. Daneben wurde aber auch der Maschinenbau zunehmend wichtig: Die Zahl der in Sachsen betriebenen Dampfmaschinen stieg von 24 im Jahr 1830 auf 197 im Jahr 1846. Ein Großteil davon kam aus Chemnitz, wo ab Mitte des Jahrhunderts auch Lokomotiven, Turbinen und Bergwerksmaschinen, Gewehre und Werkzeugmaschinen produziert wurden. In Potschappel bei Freital entstand ein bedeutendes Eisenwerk, in Cainsdorf bei Zwickau das größte und modernste Hüttenwerk in Deutschland. Auch andere Industriezweige boomten: So entstand in Dresden 1855 die erste deutsche Nähmaschinenfabrik, ein Jahr

Seit 1839 revolutionierte die Eisenbahn den Personen- und Warenverkehr innerhalb Sachsens.

Fabrikgebäude und Eisenbahnbrücken (wie hier im Göltzschtal) prägten seit Mitte des 19. Jahrhunderts die sächsische Kulturlandschaft.

1839

später wurden die keramischen Werke von Villeroy & Boch gegründet, gleichzeitig stellte die Glashütte der Gebrüder Siemens als erste in der Welt Glas industriell her, und 1862 nahm ebenfalls in Dresden die erste Zigarettenfabrik Deutschlands ihre Produktion auf.

Der wirtschaftliche Aufschwung wurde beschleunigt durch die verbesserten Verkehrsverbindungen. Hier erwies es sich als weitsichtig, dass die sächsische Regierung die Idee des Eisenbahnbaus aktiv unterstützte. So konnte am 8. April 1839 der durchgängige Betrieb auf der von Friedrich List konzipierten Eisenbahnlinie Dresden–Leipzig aufgenommen werden. Damit verkürzte sich die Fahrtzeit von der Landeshauptstadt in die Handelsmetropole von drei Tagen (mit der Postkutsche) auf nur noch drei Stunden! In den folgenden Jahrzehnten wurden weitere

Strecken gebaut, die alle wichtigen Städte und industriellen Zentren des Landes miteinander verbanden. Dresden und Leipzig entwickelten sich zu bedeutenden Eisenbahnknotenpunkten, von denen aus man im Jahr 1866 Berlin, Hannover, Hamburg, Magdeburg, München, Prag, das Rheinland, Stettin und Wien erreichen konnte. Dabei entstanden zahlreiche Meisterwerke der Ingenieurskunst wie die Göltzschtalbrücke bei Mylau.

Das ökonomisch erfolgreiche Bürgertum wurde gleichzeitig zum Träger neuer künstlerisch-intellektueller Entwicklungen: Überall schlossen sich Bürger in Vereinen zusammen, politische Diskussionsforen entwickelten sich zu Keimzellen eines neuen Nationalgefühls. Im Winter 1846/47 gründete sich in Dresden die »Montagsgesellschaft«, die sich regelmäßig im Restaurant Engel traf. Zu ihr

Dresdner Bürger 1849 bei Barrikadenkämpfen. Sie versuchten ihren Forderungen auch mit Gewalt einigen Nachdruck zu verleihen.

gehörten bald alle bedeutenden Dresdener Künstler und Schriftsteller, darunter die Komponisten Robert Schumann und Richard Wagner, die Schriftsteller Georg Herwegh und August Friedrich Hoffmann von Fallersleben sowie der Architekt Gottfried Semper. Die Dresdner Kunstakademie und der 1828 vom Leipziger Kunstsammler Johann Gottlob Quandt gegründete Sächsische Kunstverein machten die Landeshauptstadt zu einem Zentrum der bildenden Künste, und die Eröffnung des von Semper geschaffenen Ersten Königlichen Hoftheaters und Opernhauses mit Goethes »Torquato Tasso« und Carl Maria von Webers Jubel-Overtüre 1841 symbolisierte die Bedeutung der Stadt für die künstlerische Entwicklung in Deutschland. Aber auch Leipzig war mit Felix Mendelssohn Bartholdy, dem Leiter des Gewandhau-

sorchesters, und Albert Lortzing, einem der beliebtesten Opernkomponisten seiner Zeit, eine Hochburg der Musik.

Nicht zuletzt in Künstlerkreisen gärte die Unzufriedenheit über die politische Lage in Deutschland; die Diskussion blieb nicht auf Gespräche in kleinen Zirkeln beschränkt, sondern fand ihren Ausdruck ebenso in kritischen Büchern und Zeitschriften, die – begünstigt durch die liberale sächsische Zensur – in Leipzig verlegt und gedruckt wurden. Das liberale Klima schlug allerdings um, nachdem im August 1845 bei Protesten gegen den als katholischen Eiferer verdächtigten Prinzen Johann acht Leipziger Bürger vom Militär erschossen worden waren. Die zunehmenden Spannungen fanden ihren Höhepunkt, als im Februar 1848 die Nachricht von den Unruhen in Paris, der Absetzung

Preußische Gardegrenadiere zogen 1866 in Leipzig ein. Sachsen wurde schließlich zum Beitritt in den Norddeutschen Bund gezwungen.

1848/49

des französischen Königs und der Ausrufung der Republik eintrafen. In ganz Deutschland kam es daraufhin zu Volksversammlungen und Revolten (»März-Unruhen«), in Sachsen blieb es allerdings zunächst bei der Übergabe von Petitionen an König Friedrich August II., die immerhin zum Rücktritt sämtlicher Minister am 13. März führten. Das neue Ministerium versprach die Umsetzung zentraler Forderungen wie Aufhebung der Zensur, Vereidigung des Militärs auf die Verfassung, Reform des Wahlrechts, Gewährung von Vereinsfreiheit und eine gesetzliche Ordnung der kirchlichen Verhältnisse. Diese Vorschläge entsprachen jedoch nicht den Vorstellungen der demokratischen Kräfte, und nach heftigen Debatten im Landtag kam es im September 1848 in Chemnitz zum ersten spontanen

Ausbruch des Unmuts mit Barrikadenkämpfen zwischen Volk und Militär.

Der im Dezember gewählte Landtag, in dem die Demokraten eine überwältigende Mehrheit erlangt hatten, konfrontierte die sächsischen März-Minister mit für sie unannehmbaren Forderungen. Im Streit um die Annahme der von der Frankfurter Nationalversammlung beschlossenen Reichsverfassung löste der König im April 1849 den sächsischen Landtag kurzerhand auf. Als bekannt wurde, dass die neue Regierung unter Außenminister Friedrich Ferdinand von Beust preußische Truppen angefordert hatte, um einem befürchteten Aufstand zuvorzukommen, erhoben sich die Dresdner Bürger gemeinsam mit der Kommunalgarde, plünderten das königliche Zeughaus und errichteten über 100

Straßensperren in der Innenstadt. Der sächsische König floh auf die Festung Königstein, die Revolutionäre setzten eine provisorische Regierung ein. Bei den anschließenden Gefechten, die sich vom 5. bis 9. Mai 1849 etwa 3.000 Barrikadenkämpfer mit etwa 5.000 sächsischen und preußischen Soldaten lieferten, wurde die Dresdner Innenstadt schwer beschädigt. Die euphorische Stimmung unter den Aufständischen beschrieb später Richard Wagner in seinen Memoiren: Auf einer Barrikade rief ihn ein Kommunalgardist an, offenbar ein begeisterter Hörer der kurz zuvor aufgeführten 9. Symphonie von Beethoven: »Herr Kapellmeister, der Freude schöner Götterfunken hat gezündet, das morsche Gebäude ist in Grund und Boden verbrannt.«

Trotz ihrer Begeisterung mussten die Aufständischen vor der militärischen Übermacht zuletzt kapitulieren, zwei Drittel von ihnen gelang die Flucht über die sächsischen Grenzen, die übrigen fielen im Kampf oder wurden verhaftet. Gottfried Semper und Richard Wagner, die den Aufstand aktiv unterstützt hatten, wurden aus dem sächsischen Staatsdienst entlassen.

In den folgenden Jahren wurde in Sachsen wie im übrigen Deutschland die Presse- und Versammlungsfreiheit massiv eingeschränkt, zahlreiche Vereine wurden verboten, Revolutionäre steckbrieflich gesucht oder zu schweren Strafen verurteilt, und der im Herbst 1849 neu gewählte Landtag wurde wie schon sein Vorgänger aufgelöst und durch eine Ständeversammlung in der Zusammensetzung von 1831 ersetzt. Erst die nach 1854 unter dem neuen König Johann begonnenen Reformen lockerten den Druck wieder und griffen einige der Forderungen des Bürgertums auf. 1865 erging sogar eine Amnestie für politische Vergehen vom Mai 1849.

Sächsische Truppen kämpften im deutsch-französischen Krieg von 1870/71.

Das »rote Königreich«

Außenpolitisch strebte Sachsen eine Reform des Deutschen Bundes (dessen Mitglied es seit der Gründung 1815 war) unter Beibehaltung des föderalen Prinzips an; damit kollidierte seine Politik mit den Bestrebungen Preußens, den Bund auf eine zentrale Führungsmacht zuzuspitzen. Hatten die sächsischen Truppen unter Prinz Albert 1864 noch militärische Lorbeeren im Kampf des Deutschen Bundes gegen Dänemark um die Herzogtümer Schleswig und Holstein errungen, so standen sie 1866 im Deutschen Krieg an der Seite österreichischer Truppen gegen Preußen. Nach der vernichtenden Niederlage der Österreicher in der Schlacht von Königgrätz wurde Sachsen besetzt und stand zum dritten Mal in seiner Geschichte unter preußischer Militärverwaltung. Zwar blieb das Land als Staat in den Grenzen von 1815 bestehen, es musste aber dem neu gebildeten Norddeutschen Bund beitreten, seine Armee in das Bundesheer eingliedern und zehn Millionen Taler Kriegsentschädigung an Preußen zahlen. Im Norddeutschen Bund, der von

1866

Rauchende Schornsteine des Eisenwerks Cainsdorf bei Zwickau als Zeichen des Fortschritts.

1871

Preußen dominiert wurde, musste Sachsen einen Großteil seiner Souveränitätsrechte abtreten. Eigene Gesetze durfte es nur noch in den Bereichen Polizei, Gemeindeverwaltung, Schulen und Hochschulen sowie der Kirchenverwaltung erlassen; Außenpolitik, Zoll-, Post- und Verkehrswesen wurden vom Bund übernommen. Zwangsläufig geriet Sachsen so auch in den von Bismarck vorbereiteten deutsch-französischen Krieg von 1870/71, in dem das königlich-sächsische Armeekorps wichtige Schlachten schlug. Kronprinz Albert wurde angesichts seiner Erfolge sogar zum preußischen Feldmarschall ernannt, der sächsische Kriegsminister Georg Friedrich Alfred von Fabrice zum Generalgouverneur des besetzten Frankreichs.

Im Windschatten des erfolgreichen Krieges traten nun auch Baden, Hessen und Bayern dem Norddeutschen Bund bei, der durch Verfassungsänderung zum Deutschen Reich wurde, zu dessen Kaiser man den preußischen König Wilhelm I. im Januar 1871 im Spiegelsaal von Schloss Versailles proklamierte. Das Königreich Sachsen war nunmehr nur noch einer von 25 Einzelstaaten des Deutschen Reiches. Das Land arrangierte sich aber bald mit dieser Situation und arbeitete an der Ausgestaltung des Reiches mit. 1869 wurde das auf sächsische Initiative gegründete Oberhandelsgericht in Leipzig angesiedelt, 1877 kam noch das Reichsgericht als oberste Gerichtsinstanz des Reiches hinzu. Von den knapp 400 Reichstagswahlkreisen entfielen 23 auf Sachsen: Bei der ersten Wahl 1871 wurden hier 13 Nationalliberale, acht Linksliberale und zwei Mitglieder der sozialdemokratischen Arbeiterpartei gewählt – es waren die beiden einzigen Sozialdemokraten im ganzen Parlament!

In den sächsischen Landtag dagegen zog, bedingt durch ein wesentlich restriktiveres

Die Leipziger Messe war schon um 1900 das Aushängeschild der sächsischen Wirtschaft.

Wahlrecht, erst 1877 der erste sozialdemokratische Abgeordnete ein. Als die auf 14 Sitze angewachsene Fraktion dort 1893 die Einführung des allgemeinen, gleichen und geheimen Wahlrechts für alle Männer und Frauen über 21 Jahren forderte, legte der sächsische Innenminister ein ganz anderes Gesetz vor, das dem Land das undemokratischste Wahlsystem im ganzen damaligen Deutschland bescherte. Angelehnt an das preußische Dreiklassenwahlrecht wurden die männlichen Staatsbürger ab 25 Jahren entsprechend der Höhe der von ihnen entrichteten Steuern in drei Klassen eingeteilt, von denen jede ein Drittel der Wahlmänner wählen durfte, die wiederum über die Zusammensetzung des Landtags abstimmten. Die reichsten 3,5 Prozent der sächsischen Wähler in der I. Klasse hatten also genauso viele Stimmen wie die ärmsten 80 Prozent in der III. Klasse. Bis zur erneuten Wahlrechtsreform 1909 errangen die Sozial-

demokraten regelmäßig die meisten Stimmen, bekamen aber mit einer einzigen Ausnahme niemals einen Sitz im Landtag.

Die Wähler der Sozialdemokraten rekrutierten sich zum Großteil aus den Arbeitern in den wachsenden Städten. Sachsen war und blieb neben dem Rheinland das wichtigste deutsche Industriezentrum. Neben den traditionell in Sachsen heimischen Branchen Textil- und Konfektionsindustrie, Maschinenbau und Metallverarbeitung etablierten sich nahezu alle anderen Branchen, wenn auch zumeist nicht in Großunternehmen, sondern in mittelständischen Betrieben. Die Automobilindustrie hatte ihre Zentren in Zwickau (Horch, Audi), Chemnitz (Wanderer), Zittau (Hiller) und Werdau (Schumann). Im Zwickau-Oelsnitzer Revier und im Freitaler Becken wurde in immer größeren Mengen Steinkohle abgebaut, und um 1900 begann im Bornaer Revier der maschinell betriebene Braunkoh-

Dresdner Bäckermeister überreichen dem sächsischen König zwei traditionelle Christstollen.

letagebau. Eisen- und Stahlöfen standen in Cainsdorf bei Zwickau, in Döhlen im Plauenschen Grund und in Riesa. Vor allen anderen Städten entwickelte sich Chemnitz zu einer der wichtigsten Industriemetropolen Sachsens: Über 73.000 Beschäftigte in mehr als 1.500 Fabriken fertigten hier Dampfmaschinen, Lokomotiven, Textilmaschinen, Turbinen, Werkzeug- und Munitionsmaschinen und vieles mehr. Weil Dampfkraft und Elektroenergie die traditionelle Wasserkraft ablösten, siedelten sich Fabriken nicht mehr nur entlang von Flussläufen an, sondern überall dort, wo die Grundstückspreise niedrig und das Angebot an Arbeitskräften hoch war. So entstanden die typischen sächsischen Industriedörfer, vor allem im Erzgebirge und der südlichen Oberlausitz.

Die industrielle Entwicklung wurde unterstützt von der gleichfalls wachsenden Infrastruktur. Das Streckennetz der sächsischen Eisenbahn verdreifachte sich zwischen 1869 und der Jahrhundertwende auf über 3.000 Kilometer. Jede sächsische Stadt hatte einen Eisenbahnanschluss, in den größeren Städten wurde die elektrische Straßenbahn ausgebaut. Aber auch andere Verkehrsmittel florierten: Der Schiffsverkehr auf der Elbe nahm zu, erste Luftschiffe wurden in Sachsen stationiert.

Natürlich hatte diese Entwicklung nicht nur positive Folgen. Die Bevölkerung Sachsens stieg von knapp zwei Millionen Menschen im Jahr 1834 auf knapp fünf Millionen um 1900; Sachsen war damit eines der am dichtesten besiedelten Gebiete Deutschlands. Weit über die Hälfte der Erwerbstätigen war in Handwerk und Industrie tätig, lebte also in den Städten, deren Wachstum mit der Entwicklung in den Bereichen Wohnungsbau, Hygiene und Infrastruktur kaum mithalten konnte. Leipzig wurde zur Wiege der vor diesem Hintergrund entstehenden Sozialde-

22. Woche · aus Crimmitschau · 18. Jan. 04.
Zehnstundentagkämpfer · Hoch die Solidaritä

Crimmitschauer Arbeiterinnen streikten vergeblich für den Zehn-Stunden-Tag.

mokratie. Im Mai 1863 gründete Ferdinand Lassalle hier den Allgemeinen Deutschen Arbeiterverein (ADAV), kurze Zeit später riefen August Bebel und Wilhelm Liebknecht den Verband Deutscher Arbeitervereine ins Leben, den Vorläufer der Sozialdemokratischen Arbeiterpartei (SDAP). ADAV und SDAP schlossen sich 1875 zusammen und firmierten seit 1890 unter dem Namen Sozialdemokratische Partei Deutschlands (SPD). Auch die Frauenbewegung des 19. Jahrhunderts erhielt wichtige Impulse aus Leipzig: Hier gründeten Luise Otto-Peters und Auguste Schmidt 1865 den Allgemeinen Deutschen Frauenverein.

Dass sich die Arbeiter organisierten, lag allerdings nicht im Interesse der Regierenden, die diese Entwicklung bekämpften. Die politische Verfolgung der Arbeiterparteien und -vereine fand ihren Höhepunkt 1878 mit dem von Reichskanzler Bismarck initiierten »Gesetz gegen die gemeingefährlichen Bestre-

bungen der Sozialdemokratie« (Sozialistengesetz), das bis 1890 galt. Auch in Sachsen wurden in dieser Zeit Vereine und Zeitungen verboten und Parteifunktionäre vor Gericht gestellt. 1881 verhängte die Regierung sogar den Belagerungszustand über Leipzig und wies 164 Sozialdemokraten aus dem Land. Nach ihrer Wiederzulassung fuhr die SPD jedoch wieder Spitzenergebnisse bei Reichs- und Landtagswahlen ein; Sachsen wurde um 1900 gar als »rotes Königreich« bezeichnet. Diesem Namen machte es im Crimmitschauer Textilarbeiter-Streik alle Ehre. Im Sommer 1903 legten in Crimmitschau knapp 10.000 Beschäftigte, darunter zahlreiche Frauen, die Arbeit nieder und forderten einen Zehn-Stunden-Tag, eine zehnprozentige Lohnerhöhung und verbesserte Arbeitsbedingungen. »Die Crimmitschauer Arbeiterin hat zwar eine Wohnung, aber kein Heim; sie hat Kinder, aber sie kann ihnen nicht Mutter sein; sie

*König Friedrich August III. von Sachsen (vorn links)
im Sommer 1915 auf Frontbesuch.*

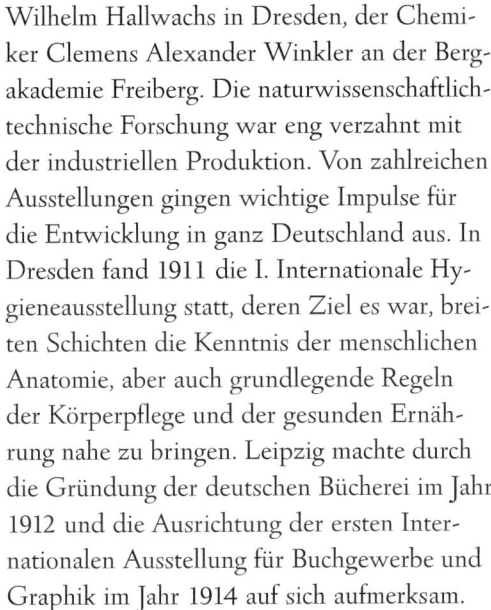

1914

hat einen Lebensunterhalt, aber sie führt kein Leben«, hieß es in einem Flugblatt aus dieser Zeit. Der Streik dauerte 22 Wochen und löste eine deutschland- und sogar europaweite Solidaritätsbewegung aus. Geldspenden von über einer Million Mark füllten die Streikkasse, und nur die militärische Intervention der Landesregierung führte letztlich zum erfolglosen Abbruch des Streiks.

Während sie einerseits die Arbeiterbewegung bekämpfte, investierte die sächsische Regierung andererseits in die Reformierung des Bildungswesens: Die sächsischen Volksschulen gehörten zu den besten in Deutschland, an den sächsischen Hochschulen wirkten bedeutende Wissenschaftler wie der Psychologe Wilhelm Wundt, der Chemiker und Nobelpreisträger Wilhelm Ostwald und der Historiker Karl Lamprecht in Leipzig, der Ingenieur Gustav Zeuner und der Physiker

Wilhelm Hallwachs in Dresden, der Chemiker Clemens Alexander Winkler an der Bergakademie Freiberg. Die naturwissenschaftlich-technische Forschung war eng verzahnt mit der industriellen Produktion. Von zahlreichen Ausstellungen gingen wichtige Impulse für die Entwicklung in ganz Deutschland aus. In Dresden fand 1911 die I. Internationale Hygieneausstellung statt, deren Ziel es war, breiten Schichten die Kenntnis der menschlichen Anatomie, aber auch grundlegende Regeln der Körperpflege und der gesunden Ernährung nahe zu bringen. Leipzig machte durch die Gründung der deutschen Bücherei im Jahr 1912 und die Ausrichtung der ersten Internationalen Ausstellung für Buchgewerbe und Graphik im Jahr 1914 auf sich aufmerksam.

Überhaupt profitierte die kulturelle Entwicklung vom Wohlstand des Landes. In Dresden brillierten Hofoper und Hofkapelle unter Leitung von Ernst von Schuch, in Leipzig schwang sich das Gewandhausorchester unter Leitung von Arthur Nikisch zu neuen Höhen auf, und in der Chemnitzer Oper debütierte der später auch international erfolgreiche Startenor Richard Tauber. Unter der Generalintendanz seines Vaters hatten sich die Chemnitzer Bühnen zu wahren Publikumsmagneten entwickelt, auf denen neben populären Operetten auch sozialkritische Stücke von Gerhart Hauptmann und Bertolt Brecht gespielt wurden. In Dresden schlossen sich Max Pechstein, Emil Nolde und Karl Schmidt-Rottluff zur Künstlergruppe »Die Brücke« zusammen, in Leipzig schuf Max Klinger seine Graphiken und Gemälde. Auf literarischem Gebiet ist der Abenteuerschriftsteller Karl May sicher der berühmteste, wenn auch nicht der literarisch anspruchvollste Vertreter der sächsischen Kultur dieser Zeit.

Ausstellung eines erbeuteten britischen Panzers 1915 auf dem Leipziger Marktplatz.

Der Erste Weltkrieg

Die zunehmenden Spannungen zwischen den europäischen Großmächten entluden sich nach der Ermordung des österreichischen Thronfolgers durch serbische Separatisten im Ersten Weltkrieg. Als Teil des Deutschen Reiches war Sachsen unmittelbar von der Mobilmachung und Deutschlands Kriegserklärungen gegen Russland und Frankreich betroffen. Unter dem Jubel der Bevölkerung zogen im August 1914 sächsische Soldaten ins Feld und nahmen als 3. Armee am Angriff auf Nordfrankreich teil. Von den im Verlauf des Kriegs eingesetzten 750.000 sächsischen Soldaten starben über ein Viertel und weitere 44 Prozent wurden verwundet.

Die Kriegsbegeisterung ließ überall in Deutschland nach, als der erwartete schnelle Sieg ausblieb und sich der Krieg zu einem zermürbenden Stellungskampf auswuchs, der die heimische Wirtschaft zunehmend belastete. Weil die Rüstungsproduktion nahezu alle Rohstoffe verschlang, blieb für die zivile Industrie kaum etwas übrig, und weil fast alle arbeitsfähigen Männer eingezogen waren, mussten zunehmend Frauen deren Arbeit übernehmen. Auch die Lebensmittelversorgung lag danieder: Seit 1915 wurden zahlreiche Nahrungsmittel nur noch gegen Bezugskarten ausgegeben, im berüchtigten »Kohlrübenwinter« von 1916/17 hungerten weite Teile der Bevölkerung. Das alles führte zu einer Radikalisierung der politischen Lager, zu Streiks und Protesten. Auftakt waren Friedensdemonstrationen am 1. Mai 1916 in Pirna, Dresden und Leipzig. Der Höhepunkt wurde im Januar 1918 mit dem reichsweiten Generalstreik erreicht, der auch die sächsischen Industriegebiete erfasste.

Der Freistaat Sachsen

Die turbulenten Jahre der Weimarer Republik

Freikorps, Revolutionäre, Demokraten

Die von der sächsischen Regierung ange-stoßene Parlamentsreform und der spätere Rücktritt aller Minister konnten die Ent-wicklung nicht mehr aufhalten. Nach dem Kieler Matrosenaufstand vom 3. November 1918 bildete sich bereits am 6. November in der Fliegerkaserne in Großenhain der erste sächsische Soldatenrat, dem weitere Arbei-ter- und Soldatenräte folgten. In Leipzig, Chemnitz und anderen Städten kam es zu Massendemonstrationen und Soldatenrevol-ten, das Schicksal des Königreichs entschied sich jedoch in Dresden. Meuternde Soldaten besetzten hier am 9. November Kasernen und öffentliche Gebäude und machten Jagd auf Offiziere. Am 10. November vereinigten sich die konkurrierenden Arbeiter- und Soldaten-räte der Sozialdemokraten (SPD) und der 1917 abgespaltenen Unabhängigen Sozialde-mokratischen Partei (USPD) und riefen im Dresdner Zirkus Sarrasani die Republik aus.

Auf dem Turm des Schlosses wurde die rote Fahne gehisst, dem aus der Hauptstadt geflohenen König Friedrich August III. blieb nichts anderes übrig, als am 13. November auf seinen Thron zu verzichten – vier Tage, nachdem in Berlin bereits Wilhelm II. seinen

Rücktritt als deutscher Kaiser erklärt hatte. Als Übergangsregierung wurde in Sachsen ein sechsköpfiger Rat der Volksbeauftragten eingesetzt, der bald von den ursprünglichen Zielen der Revolution (wie etwa der Enteig-nung allen Privateigentums, der allgemeinen Volksbewaffnung und der Auflösung Sach-sens zugunsten einer sozialistischen deut-schen Republik) abrückte und den Weg zur Entwicklung einer parlamentarischen Demo-kratie beschritt. Im Januar und Februar 1919 wurden in Sachsen die Abgeordneten für den Reichstag und den sächsischen Landtag, der nun Volkskammer hieß, neu gewählt. Fast die Hälfte der Volkskammer-Abgeordneten gehörte der SPD an; sie bildeten eine von der USPD geduldete Minderheitsregierung und nahmen die drängenden Aufgaben der Formulierung einer Verfassung des neuen »de-mokratisch-sozialistischen Freistaats« Sachsen sowie eine Verwaltungs- und Bildungsreform in Angriff. Nachdem die neue Verfassung im November 1920 in Kraft getreten war, wurde 1921 ein neuer Landtag gewählt. Die SPD wurde zwar wiederum stärkste Partei, konnte aber erneut keine absolute Mehrheit gewin-nen: Bis 1929 stellte sie den Ministerpräsi-denten in verschiedenen Koalitions- und Min-derheitsregierungen, danach lag die Mehrheit bis 1933 im bürgerlich-konservativen Lager.

1918

Kundgebung der Arbeiter- und Soldatenräte am 10. November 1918 in Leipzig. An diesem Tag wurde in Dresden die Republik ausgerufen.

Die innenpolitische Situation war im Reich und in Sachsen bis in die Mitte der 1920er Jahre instabil: Im April 1919 wurde der sozialdemokratische Kriegsminister Gustav Neuring von rechtsgerichteten Demonstranten aus seinem Büro verschleppt und in der Elbe ertränkt; die Regierung sah sich gezwungen, den Ausnahmezustand über Sachsen zu verhängen, und löste bei dieser Gelegenheit die in Leipzig noch immer existierende Räterepublik auf.

Als im März 1920 der Kapp-Putsch in Berlin die Reichsregierung und den Reichspräsidenten Friedrich Ebert (SPD) zwang, über Dresden nach Stuttgart zu fliehen, bildeten sich in den sächsischen Städten Arbeiterräte und Aktionsausschüsse, die den Widerstand gegen die auch in Sachsen aktiven Freikorps organisierten. Das öffentliche Leben kam durch einen Generalstreik zum Erliegen.

Während in Chemnitz Sozialdemokraten und Kommunisten schnell Ruhe herstellen konnten, kam es in Dresden und Leipzig zu blutigen Ausschreitungen mit zahlreichen Toten und Verletzten.

Im Frühjahr 1923 etablierte sich unter dem Sozialdemokraten Erich Zeigner eine neue Minderheitsregierung, die sich mit einer linkssozialistischen Politik stark der 1918 gegründeten Kommunistischen Partei Deutschlands (KPD) annäherte. Die basisdemokratischen Elemente in der Gemeindeverwaltung wurden gestärkt, »revolutionäre Betriebsräte« berufen und »proletarische Hundertschaften« zur Abwehr des Faschismus geschaffen. Diese Entwicklung verschlechterte das Verhältnis der sächsischen Regierung zur Reichsregierung, die unter dem Vorzeichen einer großen Koalition zwischen SPD und mehreren bürgerlichen Parteien einen eher gemäßigten

1923

*Reichswehrsoldaten in Freiberg 1923 nach der Abset-
zung der sächsischen »Arbeiterregierung« aus Mitglie-
dern von SPD und KPD.*

Zwischen Inflation und Stabilisierung

Der Erste Weltkrieg hatte Deutschland an den Rand des wirtschaftlichen Abgrunds geführt: Die Umstellung von der Kriegswirtschaft auf die Produktion ziviler Güter ging nur langsam vonstatten, sodass viele Menschen arbeitslos wurden und verarmten. Erschwerend kam die Inflation hinzu, die insbesondere mit Beginn der Reparationszahlungen an die Siegermächte im Frühjahr 1921 Schwindel erregende Höhen erreichte: War Anfang 1923 ein US-Dollar noch 1.800 Mark wert, so waren es Ende des Jahres schon 4,2 Billionen. Erst als eine grundlegende Währungsreform diese absurde Entwicklung beendete, konnte sich die deutsche und damit ebenfalls sächsische Wirtschaft wieder erholen.

Kurs verfolgte. Der Konflikt eskalierte, als Zeigner zwei Mitglieder der KPD als Minister in sein Kabinett berief, um – wie er dem Landtag versicherte – »die Gefahr einer großkapitalistischen Militärdiktatur [zu] bannen«. Die sächsischen Kommunisten begannen mit der Bewaffnung der »proletarischen Hundertschaften« und bereiteten unverhohlen einen »roten Oktober« vor, der eine neue Revolution im Reich auslösen sollte. Unter dem Druck der Ereignisse beschloss Reichskanzler Gustav Stresemann (Deutsche Volkspartei) am 21. Oktober 1923 die Reichsexekution gegen Sachsen: Die Reichswehr marschierte im Land ein, Zeigner wurde für abgesetzt erklärt und zugleich ein Reichskommissar eingesetzt, der im Amt blieb, bis am 1. November ein neu gewähltes Kabinett mit ausschließlich sozialdemokratischen Ministern die Regierungsgeschäfte übernahm.

Sachsen blieb weiterhin ein Zentrum der deutschen Industrie. Die 1906 vom dänischen Ingenieur Jørgen Skafte Rasmussen gegründeten Zschopauer Motorenwerke stellten Autos der Marke DKW her und entwickelten sich zur weltgrößten Motorradfabrik; 1932 fusionierten sie mit den Zwickauer Unternehmen August Horch AG und Audi-Werke AG sowie der Auto-Sparte der Wanderer-Werke AG aus Siegmar bei Chemnitz zur Auto Union AG, die bis 1945 das führende Unternehmen der deutschen Kraftfahrzeugindustrie blieb. Im Jahr 1928 produzierte die sächsische Kraftfahrzeugindustrie 7.563 PKW, 2.492 LKW und 254 Omnibusse.

Große Braunkohlekraftwerke in Böhlen und Hirschfelde sicherten die Energieversorgung Sachsens und die Flughäfen in Chemnitz, Dresden und Leipzig schlossen das Land an das wachsende europäische Luftverkehrsnetz an.

Augustusplatz in Leipzig um 1920, im Hintergrund das Opernhaus.

Die »goldenen« Zwanziger

In den Jahren der Weimarer Republik erlebte das Kultur- und Geistesleben in Sachsen eine neue Blütezeit. Für Maler und bildende Künstler rangiere Dresden gleich hinter Paris und Berlin, stellte der Schauspieler Gert Fröbe fest, als er 1933 sein Studium der Malerei an der Dresdner Kunstakademie aufnahm. Nachdem die Künstler der »Brücke« 1911 nach Berlin abgewandert waren, prägte nun die »Dresdner Sezession - Gruppe 1919« das künstlerische Schaffen: Maler wie Otto Dix, Conrad Felixmüller und Oskar Kokoschka machten Dresden zum Zentrum des späten Expressionismus und der um 1923 einsetzenden Neuen Sachlichkeit. Aber auch Leipzig erwarb sich den Ruf einer Kunststadt, hier war zum Beispiel der Jugendstilmaler Ludwig von Hofmann tätig, der die 1912 gegründete Deutsche Bücherei ausmalte. Musikalisch glänzte die Dresdner Semperoper unter der Leitung ihres Generalmusikdirektors Fritz Busch mit Uraufführungen der Werke von Richard Strauss, Paul Hindemith und Kurt Weill. Das Leipziger Gewandhausorchester erlangte unter seinen berühmten Dirigenten Wilhelm Furtwängler und Bruno Walter internationalen Ruhm.

Aber auch abseits der sächsischen Metropolen, in Bautzen, Freiberg, Plauen oder Zwickau, gab es ein reges Theater- und Musikleben. Variétés und Kleinkunstbühnen erlebten überall im Land eine Blütezeit; in den Tanzbars und Ballhäusern wurde zu den neuen Modetänzen Shimmy, Charleston und Rumba getanzt. Daneben prägten die neuen Medien Rundfunk und Film zunehmend das kulturelle Leben. 1906 entstand in Leipzig das erste stationäre Kino, 1933 waren es

Das 1928 errichtete Wahrzeichen für das Dresdner Messegelände: Kugelhaus aus Stahl und Glas.

Klein-Luftschiff mit Werbung der Lingner-Werke auf dem Flughafen Dresden-Heller.

schon 41; in Dresden wurden Anfang der 1930er Jahre über 5 Millionen Kinokarten jährlich verkauft. Gespielt wurden Filme von Charlie Chaplin genauso wie etwa »Panzerkreuzer Potemkin« vom sowjetischen Regisseur Sergej Eisenstein. Im Frühjahr 1924 ging der Mitteldeutsche Rundfunk (MDR) auf Sendung, der mit der steigenden Zahl von Radioempfängern in immer mehr Haushalten Einzug hielt. In den 1930er Jahren entstanden zudem neue Museen wie das Deutsche Hygiene-Museum in Dresden, das Grassi-Museum in Leipzig und das Karl-May-Museum in Radebeul. An den sächsischen Hochschulen wirkten herausragende Köpfe wie der Leipziger Physik-Professor Werner Heisenberg, der 1932 den Nobelpreis für seine Leistungen bei der Entwicklung der Quantentheorie erhielt.

Die Verbindung von wirtschaftlichem und künstlerischem Aufschwung zeigte sich besonders in der Werbung, die in den 1920er Jahren immer stärker Teil der Alltagskultur wurde: Künstlerisch gestaltete Plakate prägten das Bild der sächsischen Hauptverkehrsstraßen genauso wie die neu aufgekommene

Leuchtreklame auf den Hausdächern. Für die in Dresden produzierten Hygieneartikel wie Chlorodont und Odol wurde sogar mit Reklameflugzeugen und Luftschiffen geworben. Die Verbindung von Kunst und Kommerz zeigte sich auch in dem von Erich Mendelsohn in Chemnitz errichteten Kaufhaus Schocken, einem Glanzstück der klassischen modernen Architektur.

Demokratie im Abwehrkampf

Die 1929 einsetzende Weltwirtschaftskrise ergriff auch die Wirtschaft im Freistaat Sachsen. Umsatzeinbußen von zum Teil über 50 Prozent führten in vielen Betrieben zu Produktionseinschränkungen und Massenentlassungen. Die Zahl der Unterstützungsempfänger in Sachsen verdoppelte sich im Vergleich zum Jahr 1928, und die Arbeitslosigkeit stieg immer weiter an, bis sie 1933 mit über 700.000 Arbeitslosen (14,3 Prozent der Bevölkerung) einen Rekordwert erreichte, der im Vergleich zur Einwohnerzahl höher lag als in anderen deutschen Ländern. Ein von der sächsischen Regierung gestartetes Notstandsprogramm, das Unternehmen durch Kredite und Zuwendungen förderte und durch staatlichen Wohnungsbau, Flussregulierungen und die Errichtung neuer Brücken zahlreiche Arbeitsplätze schuf, brachte vorübergehend Abhilfe, konnte aber die zunehmende politische Radikalisierung im Lande nicht verhindern.

Innerhalb der deutschen KPD verzeichnete Sachsen die mitgliederstärksten Bezirke und brachte einige einflussreiche Parteifunktionäre hervor wie etwa Fritz Heckert, Otto Rühle, Georg Schumann und Walter Ulbricht. Anders als noch unter dem Kabinett Zeigner ging die KPD seit 1929 auf Konfrontationskurs zur SPD und schwächte die Regierung damit auch im Kampf gegen das erstarkende rechte Lager um die Nationalsozialistische Deutsche Arbeiterpartei (NSDAP), die zunehmenden Widerhall bei den sächsischen Wählern und einflussreichen Industriellen gewann. Bereits 1921 wurde in Zwickau die erste sächsische NSDAP-Gruppe gebildet, eine der ersten außerhalb Bayerns, und 1925 war Sachsen mit über 80 Ortsgruppen der stärkste NS-»Gau« des Reiches. Antirepublikanische Aufmärsche waren seit Ende der 1920er Jahre ebenso an der Tagesordnung wie Schlägereien und Saalschlachten zwischen Kommunisten und Nationalsozialisten.

Im 1930 gewählten sächsischen Landtag stellten die Nationalsozialisten die zweitgrößte Fraktion nach der SPD und vor den Kommunisten; in der Reichstagswahl vom Juli 1931 erhielt die NSDAP in den sächsischen Wahlkreisen dann sogar 37 Prozent der Stimmen – nur unwesentlich weniger als im gesamten Reich (37,8 Prozent). Im November 1932 gab es erneute Reichstagswahlen, aus

Nationalistische Verbände nutzten das Leipziger Völkerschlachtdenkmal als Aufmarschkulisse.

denen die Nationalsozialisten wiederum als stärkste Kraft hervorgingen. Einer der traurigen Höhepunkte auf dem Weg zur Macht war der Überfall der Nationalsozialisten auf eine KPD-Versammlung im Keglerheim Dresden-Friedrichstadt, bei dem im Januar 1933 zahlreiche Tote zu beklagen waren.

Am 30. Januar 1933 vereidigte der Reichspräsident Paul von Hindenburg ihren »Führer« Adolf Hitler als Reichskanzler einer rechts-nationalistischen Koalitionsregierung. Dieses zur »Machtergreifung« überhöhte Ereignis sollte bald auch Auswirkungen auf Sachsen zeigen.

1933

Mit Hitler in den Untergang

Sachsen im Nationalsozialismus

Die Nazis erobern den Freistaat

Unmittelbar nach der Vereidigung Hitlers als Reichskanzler wurden neue Reichstagswahlen für den März 1933 ausgeschrieben. Noch während des Wahlkampfes kam es in Berlin zum Reichstagsbrand, Auslöser für die »Verordnung zum Schutz von Volk und Staat«, mit der am 28. Februar die Grundrechte der Weimarer Verfassung ausgehebelt und eine Art Ausnahmezustand verhängt wurde. Damit war die Grundlage geschaffen für die gewaltsame Unterdrückung aller oppositionellen Kräfte, insbesondere von Kommunisten und Sozialdemokraten.

Nach ihrem Sieg bei der Reichstagswahl vom 5. März 1933 übertrugen die Nationalsozialisten die Gesetzgebungsgewalt vom Parlament auf die Regierung (»Ermächtigungsgesetz« vom 23. März) und zerstörten die föderale Struktur Deutschlands mit dem »Gesetz zur Gleichschaltung der Länder mit dem Reich« vom 7. April. Der sächsische Ministerpräsident Walther Schieck (Deutsch-nationale Volkspartei) war bereits am 10. März von Hitler des Amtes enthoben und durch SA-Obergruppenführer Manfred von Killinger ersetzt worden. Killinger konnte sich jedoch auf Dauer nicht gegen den NSDAP-

Gauleiter Martin Mutschmann durchsetzen, der auf der Grundlage des Gleichschaltungsgesetzes am 5. Mai zum Reichsstatthalter in Sachsen ernannt wurde. Mutschmann gelang es durch gezielte Diffamierung seines Konkurrenten, dessen Inhaftierung im Gefolge innerparteilicher Machtkämpfe (Röhm-Putsch) zu erreichen und am 28. Februar 1935 selbst zum »Führer der Sächsischen Landesregierung« ernannt zu werden. Der Freistaat Sachsen war somit nicht nur geographisch, sondern auch personell weitgehend identisch mit dem nationalsozialistischen »Gau« Sachsen. Neben Mutschmann, einem ehemaligen Spitzenfabrikanten aus Plauen, fanden sich in der Regierung als Innenminister der stellvertretende Gauleiter Dr. Karl Fritsch, als Finanzminister der Gauredner Rudolf Kamps und als Wirtschaftsminister Georg Lenk, ebenfalls ein Ex-Wäschefabrikant.

Der wenig charismatische Mutschmann verdankte seinen Aufstieg vor allem seinem frühzeitigen Engagement in der NSDAP. Im Lauf seiner Amtszeit entwickelte er einen despotischen Führungsstil, bei dem er in der Art eines Landesfürsten jede Einmischung von Seiten der Reichsregierung, der Partei und seiner eigenen Minister zu verhindern suchte. SS-Führer Heinrich Himmler stellte 1944 fest: »Auf die Dauer ist mit Mutsch-

Der »Führer« 1933 in Leipzig, hinter ihm Reichsstatthalter Martin Mutschmann.

mann sehr schwer auszukommen – was sicherlich auf sein schweres Herzleiden zurückzuführen ist –, da er Gesetze und Gebote des Reiches überhaupt nicht kennt. Es ist heute so, dass das Reichsrecht an der sächsischen Grenze erlischt.«

Der Sächsische Landtag wurde am 4. April 1933 aufgelöst und ohne Neuwahl gemäß der Sitzverteilung im Reichstag neu gebildet. Damit verdreifachte sich nahezu die Zahl der Sitze für die NSDAP, während die Abgeordneten von SPD und KPD längst in Haft saßen und an der konstituierenden Sitzung am 16. Mai gar nicht mehr teilnehmen konnten. Am 27. Mai übertrug der »geschrumpfte« Landtag mit dem Ermächtigungsgesetz für den Freistaat Sachsen der sächsischen Regierung die volle Gesetzge-

bungsgewalt. Als dann am 14. Oktober der Reichstag in Berlin seine Selbstauflösung beschloss, hörte nach dem Prinzip der Gleichschaltung auch der Sächsische Landtag auf zu bestehen. Damit war formal das Ende der parlamentarischen Demokratie vollzogen.

Im Januar 1934 nahm das »Gesetz über den Neuaufbau des Reiches« den deutschen Ländern ihre staatlichen Hoheitsrechte und machte alle Landesbehörden faktisch zu Reichsbehörden, deren Beamte vom »Führer« ernannt wurden. In Sachsen wurden ebenfalls Kommunisten, Sozialisten und Juden systematisch aus dem Staatsdienst gedrängt und durch altgediente NSDAP-Mitglieder ersetzt. Bis Ende Februar 1936 wurden auf diese Weise Tausende von Stellen im öffentlichen Dienst neu besetzt.

Verfolgung und Widerstand

Unmittelbar nach der »Machtergreifung« begann der Terror der nationalsozialistischen Kampfverbände SA und SS gegen politische Gegner – Juden und missliebige Intellektuelle. In Sachsen kam es vor allem im Vogtland um Zwickau und Plauen, wo die NSDAP traditionell stark war, zu besonders brutalen Verfolgungen. Landesweit wurden ab März 1933 die KPD, das Reichsbanner (die Wehrorganisation der SPD), die Sozialistische Arbeiterpartei, der Sozialistische Ärztebund, die Bibelforscher (Zeugen Jehovas), die Internationale Arbeiterhilfe, der Kommunistische Jugendverband, die Rote Hilfe Deutschlands und der Arbeiter-Turn-und-Sportbund verboten. Das letzte Verbot in dieser Serie betraf am 23. Juni 1933 die sächsische SPD.

Im Frühjahr und Sommer 1933 richtete die SA überall im Reich so genannte »wilde« Konzentrationslager ein, in denen Gegner misshandelt und ermordet wurden. In Sachsen fanden sich solche KZs auf der Sachsenburg bei Frankenberg, auf Schloss Colditz und auf Burg Hohnstein in der Sächsischen Schweiz. Auch die Gefängnisse in Bautzen, Waldheim und Zwickau wurden bald in das nationalsozialistische Terrorsystem einbezogen.

Die SPD-Abgeordnete Toni Sender beschrieb die Atmosphäre Anfang 1933 in Dresden so: »Auf den Straßen drängten sich schwerbewaffnete Braunhemden mit einem, manchmal zwei Revolvern im Halfter. Manche hatten Handgranaten. Die Regierung in Sachsen war gezwungen worden, SA-Leute als Hilfspolizisten einzustellen. […] Ich wurde von vielen Seiten vor der Pogromstimmung gewarnt, die um meinen Namen entfacht worden war.«

Plakat der sächsischen NSDAP.

Neben der politischen setzte auch bald die »rassische« Verfolgung ein. In Sachsen lebten um 1933 etwa 20.500 Juden, davon knapp zwei Drittel in Leipzig, der Rest in Dresden sowie in kleinen und kleinsten Gemeinden in Annaberg, Bautzen, Chemnitz, Plauen, Zittau und Zwickau. Der Boykott jüdischer Geschäfte, der reichsweit am 1. April 1933 stattfinden sollte, begann in Sachsen bereits Anfang März mit unkoordinierten Aktionen übereifriger NS-Aktivisten in Chemnitz, Freiberg, Plauen und Zwickau. Plauen war auch die erste sächsische Stadt, die jüdischen Bürgern den Besuch öffentlicher Schwimmbäder untersagte. Die zunehmende Ausgrenzung und Verfolgung der Juden fand 1938 ihren Höhepunkt. Sachsen wurde von einem antisemitischen Propagandafeldzug gegen

Auch in Sachsen kam es 1933 zur Verbrennung von »undeutschem« Schriftgut, hier auf dem Wettiner Platz vor dem Gebäude der Dresdner Volkszeitung und des Verlages Kaden & Co.

die »Judendiktatur« überrollt, und Gauleiter Mutschmann predigte öffentlich die »Freimachung von der jüdischen Weltpest«.

Mutschmann selbst war ein fanatischer Judenhasser, der schon nach der Boykottaktion von 1933 gedroht hatte: »Beim nächsten Mal geht es nicht so gemütlich zu.« Im April 1938 setzte im ganzen Reich die Enteignung jüdischen Vermögens und die »Arisierung« jüdischer Unternehmen ein. Im Oktober wurden Juden mit polnischem Pass aus Deutschland ausgewiesen, wovon allein in Sachsen knapp 3.000 Menschen betroffen waren. In der »Reichskristallnacht« am 9. November 1938 zerstörte der nationalsozialistische Mob in den sächsischen Städten fast alle Synagogen. Ab Frühjahr 1939 internierte man die jüdischen Bürger in so genannten Judenhäu-

sern oder Judenlagern wie dem von Dresden-Hellerberg, und ab Anfang 1942 verschleppte man sie in das Ghetto Theresienstadt oder über Riga in das Konzentrationslager Auschwitz-Birkenau.

Nicht alle Sachsen waren Anhänger oder Sympathisanten des NS-Regimes. Die untergetauchten Mitglieder von KPD und SPD waren die ersten, die den Widerstand gegen das Nazi-Regime organisierten. Vor allem in Sachsen war dabei der Schmuggel von Flugblättern der Parteiführungen, die bis 1938 in der benachbarten Tschechoslowakei ihr Exil gefunden hatten, ein wichtiges Betätigungsfeld. Mit Beginn des Zweiten Weltkrieges regte sich ebenso in anderen Bevölkerungskreisen der Widerstand gegen das Regime: In Sachsen taten sich dabei Angehörige der

Bekennenden Kirche sowie einzelne Unternehmer, Staatsbeamte und Wehrmachtsoffiziere hervor, so Carl-Friedrich Goerdeler, der von 1931 bis 1932 Leipziger Oberbürgermeister gewesen war und später in Berlin ein führender Kopf der Widerstandsbewegung wurde, oder der sächsische General Friedrich Olbricht, der am Hitler-Attentat vom 20. Juli 1944 mitwirkte. Sondergerichte in Freiberg und Leipzig ahndeten politische Delikte wie das Hören ausländischer Rundfunksender, das Verbreiten von Spottgedichten, aber auch Fahnenflucht und Sabotageakte mit drakonischen Strafen. Viele zum Tode Verurteilte wurden im Hof des Dresdner Landgerichts mit dem Fallbeil hingerichtet wie die Kommunisten Georg Schumann aus Leipzig und Kurt Schlosser aus Dresden.

Nicht vergessen werden darf die Unterdrückung der Sorben, deren slawische Sprache und Kultur die Nazis ihrem Rassedenken gemäß als minderwertig einstuften. Sorbische Lehrer und Pfarrer wurden zum Teil ausgewiesen, und sorbische Publikationen wurden genauso verboten wie die sorbische Fahne und Hymne. Orte mit sorbischen Namen wurden kurzer Hand umbenannt. Als Reaktion entwickelte sich gleich nach dem Zweiten Weltkrieg ein sorbischer Separatismus, der den Anschluss der Sorbengebiete an die Tschechoslowakei anstrebte. Die DDR räumte den Sorben im Gegenzug einige Vorrechte ein, erkannte sie als nationale Minderheit an und förderte ihre Sprache und Kultur.

Kriegswirtschaft

Zur Popularität des NS-Regimes trug bei, dass die sächsische Wirtschaft ab Mitte der 1930er Jahre erheblich vom staatlichen Rüstungsprogramm profitierte: In der Leipziger Maschinenfabrik ATG wurde die Flugzeugproduktion aufgenommen, in Böhlen wurde ein Nitrierwerk aufgebaut, das Stahl- und Walzwerk Gröditz erhielt Rüstungsaufträge. Neben der Braunkohlenförderung wurde der 1913 eingestellte Abbau von Edelmetallen im Erzgebirge wieder aufgenommen, die Großschwelereien von Espenhain, Regis und Deutzen stellten synthetisches Benzin her. Vor allem durch die Heeresaufträge erlebte der Kraftfahrzeugbau eine Hochkonjunktur. In den Werken der Auto-Union wurden 1937 ein Viertel der deutschen Autos und ein Drittel der Motorräder hergestellt. Die deutschen Rennfahrer-Helden wie Bernd Rosemeyer errangen ihre großen Erfolge mit in Sachsen hergestellten Fahrzeugen; genauso stammten die Luxuslimousinen der NS-Führungsschicht aus sächsischer Produktion.

Die Zahl der Beschäftigten stieg in fast allen Industriezweigen, so dass 1939 nur noch 69.000 Arbeitslose in Sachsen registriert waren. Verantwortlich dafür, dass diese Zahl vergleichsweise gering ausfiel, war u. a. die Abwerbung sächsischer Arbeitskräfte, etwa in das neu errichtete Volkswagenwerk in Wolfsburg, das zum Großteil mit Ingenieuren und Arbeitern aus Chemnitz und Zwickau gegründet wurde. Aber auch der 1935 begonnene Bau der »Reichsautobahn«, zu der unter anderem eine neue Brücke über die Elbe gehörte, wirkte sich aus.

Während des Krieges entwickelte sich Sachsen zum strategisch wichtigen Produktionsstandort, da es über kriegswichtige Rohstoffe verfügte und für feindliche Flugzeugangriffe zunächst nicht erreichbar war. Der Flick-Konzern produzierte in Riesa, Freital und Gröditz Stahl und gepanzerte Fahrzeuge, in Leipzig wurden Flugzeugteile produziert,

Plakat der Auto-Union, Beispiel für die Leistungsfähigkeit deutscher Technik.

Im Frühjahr 1945 wurden die Gebäude am Chemnitzer Johannisplatz Opfer alliierter Bombenangriffe.

in Chemnitz, Zwickau, Werdau und Zittau lief die Fahrzeugproduktion auf Hochtouren, aus dem Zschopauer Motorradwerk entstanden die Erla-Flugzeugwerke, in denen Raketen hergestellt wurden. Wegen Rohstoffmangels stellten im Verlauf des Krieges viele zivile Unternehmen ihre Produktion völlig ein, so dass in Sachsen bald fast nur noch kriegswichtige Betriebe existierten. Nach Beginn des alliierten Luftkriegs 1942 wurden Betriebe aus anderen Teilen Deutschlands nach Sachsen, vor allem in die Täler des Erzgebirges verlagert, wo sie zunächst noch sicher waren.

Im Verlauf des Krieges entwickelte sich der Arbeitskräftemangel zu einem drängenden Problem, so dass wieder – wie schon zu Zeiten des Ersten Weltkriegs – Frauen in den Produktionsprozess eingegliedert wurden. Man erhöhte die Zahl der Kinder-

gärten, verlängerte die Arbeitszeiten in den Rüstungsbetrieben auf elf bis zwölf Stunden täglich und führte Feiertags- und Nachtarbeit ein.

Schließlich griffen die Betriebe verstärkt auf Kriegsgefangene und Zwangsarbeiter aus besetzten Ländern sowie auf KZ-Häftlinge zurück. In der Nähe der Betriebsgelände entstanden zahlreiche Barackenlager und KZ-Außenlager. In Leipzig zum Beispiel wurden 1943 Außenlager der Konzentrationslager Buchenwald und Ravensbrück im Stadtgebiet, in Markkleeberg und in Taucha errichtet.

Allein die Zahl der jüdischen Zwangsarbeiter in Sachsen wird für Anfang 1945 auf etwa 8.000 geschätzt. In den letzten Kriegstagen wurden die Außenlager geräumt und ihre Insassen vielerorts zu Todesmärschen gezwungen; in Abtnaundorf bei Leipzig tötete ein eigens gebildetes Vernichtungskommando

Die Ruine der Frauenkirche, 1957, erinnerte noch lange an die vollständige Zerstörung der Dresdner Innenstadt.

aus SS-Leuten und Volkssturm-Männern mehr als 100 Häftlinge, die wegen Krankheit nicht hatten evakuiert werden können.

Bombenkrieg und Untergang

Während die Zivilbevölkerung in anderen Teilen Deutschlands schon seit Anfang 1942 unter dem alliierten Luftkrieg zu leiden hatte, blieben die sächsischen Städte von diesem Schicksal zunächst verschont. Dass dies nicht immer so bleiben würde, erkannte auch die Nazi-Führung. Dennoch wurde der Bau von Luftschutzeinrichtungen lange vernachlässigt. Am frühen Morgen des 4. Dezembers 1943 griffen alliierte Bomberverbände erstmals Leipzig an und zerstörten ein Zehntel der Wohngebäude, wobei etwa 2.000 Menschen

umkamen. Im Jahr 1944 folgten zahlreiche Angriffe auf Chemnitz, Dresden, Plauen und Zwickau, die im Frühjahr 1945 den Höhepunkt ihres Zerstörungswerks erreichten. In der Nacht vom 13. zum 14. Februar 1945 verwandelten 250 Bomber der britischen Royal Airforce die gesamte Innenstadt von Dresden in ein Flammenmeer, und am 14. und 15. Februar folgten jeweils mittags weitere Bombardements; vermutlich fanden dabei mindestens 35.000 Menschen, darunter viele Flüchtlinge, den Tod. Nahezu die Hälfte der Wohnungen in der Stadt wurde zerstört oder unbewohnbar, das öffentliche Leben kam zum Erliegen, die überlebenden Einwohner konnten nur notdürftig mit Wasser, Strom und Nahrungsmitteln versorgt werden. »[D]ie Stadt Dresden gibt es nicht mehr«, resümierte später der Schriftsteller Erich Kästner in seinen Kindheitserinnerungen. »Sie ist, bis

1945

*An der Elbbrücke von Torgau trafen sich 1945 ameri-
kanische und sowjetische Truppen.*

auf einige Reste vom Erdboden verschwun-
den. Der Zweite Weltkrieg hat sie, in einer
einzigen Nacht und mit einer einzigen Hand-
bewegung weggewischt. Jahrhunderte hatten
ihre unvergessliche Schönheit geschaffen. Ein
paar Stunden genügten, um sie fortzuhexen.«
    Neben diesem in seinen Auswirkungen
besonders schrecklichen Angriff auf Dresden,
darf man nicht vergessen, dass am 5. März
1945 auch Chemnitz und am 10. April
Plauen nahezu vollständig zerstört wurden,
wobei allerdings »nur« 3.700 bzw. 900 Tote
zu beklagen waren. Die alliierten Luftangriffe
sollten in den letzten Monaten des Krieges
vor allem der Demoralisierung der Zivilbevölkerung dienen; sie banden aber gleichzeitig
Personal und Ressourcen, die so den deut-

schen Streitkräften an der Front fehlten. Mitte
April 1945 wurde Sachsen dann Schauplatz
des Bodenkrieges. Die 3. US-Armee erreichte
am 12. April bei Crimmitschau sächsisches
Gebiet, besetzte am darauf folgenden Tag
Glauchau und Meerane, überschritt am
14. April die Mulde bei Rochlitz und stieß
über Mittweida und Chemnitz vor bis Nos-
sen. Am 17. April wurde Zwickau besetzt.
Bei Cunnersdorf, Weißbach, Stangengrün,
Hartenstein und Kirchberg stellten sich SS-
Verbände dem US-Vormarsch entgegen; in
Kirchberg wurden bei Artilleriegefechten 350
Gebäude zerstört, darunter Schloss Hartenstein.
    In Nordwestsachsen stieß zur gleichen
Zeit die 1. US-Armee auf Leipzig vor, das
am 19. April besetzt wurde. Als die deutsche
12. Armee unter General Wenck nach Berlin
abgezogen werden konnte, überschritten die
Amerikaner auch die Mulde. Viele Sachsen
hofften bis zuletzt, dass ihr Land wenigstens
nicht von der sowjetischen, sondern von der
amerikanischen Armee besetzt werden würde; Gerüchte und Vermutungen über ein wei-
teres Vorrücken der Amerikaner nach Osten
kursierten überall.
    Dessen ungeachtet schritt der sowjetische
Vorstoß im östlichen Sachsen weiter voran,
wenn auch mit größeren Schwierigkeiten. Die
Rote Armee stieß auf eine Verteidigungslinie
der 4. deutschen Panzerarmee entlang der
Lausitzer Neiße. Am 16. April begann die
1. Ukrainische Front unter Marschall Ko-
new den Angriff und rückte unter schweren
Kämpfen vor. Vom 18. bis 21. April tobte
die Schlacht um Bautzen, das nach einer
deutschen Gegenoffensive von der Roten
Armee wieder aufgegeben werden musste.
Dieser Angriff war das letzte erfolgreiche
Offensivunternehmen der deutschen Wehr-

Obwohl Sachsen später zur Sowjetischen Besatzungszone gehörte, waren es US-amerikanische Truppen, die als erste 1945 sächsischen Boden betraten.

macht, konnte jedoch nichts mehr am generellen Kriegsverlauf ändern. Amerikanische und sowjetische Truppen trafen erstmals am 25. April bei Strehla und am 26. April an der Elbbrücke von Torgau aufeinander. Am 7. Mai 1945 nahmen Konews Truppen Dresden ein, am 8. Mai überschritt die Rote Armee den Erzgebirgskamm bei Zinnwald. Das war die letzte militärische Operation auf sächsischem Gebiet, denn am 9. Mai trat die Gesamtkapitulation der deutschen Wehrmacht in Kraft.

Der sächsische Ministerpräsident und Gauleiter Mutschmann, der die Bevölkerung bis zuletzt mit Durchhalteparolen drangsaliert hatte, ergriff bereits am 7. Mai die Flucht. Er wurde allerdings an der tschechischen Grenze gefangen genommen und ins sowjetisch besetzte Annaberg gebracht. Was danach mit ihm geschah, ist nicht bekannt, vermutlich wurde er nach Moskau überführt und starb dort im Gefängnis. Andere sächsische NS-Größen suchten angesichts der militärischen Niederlage ihr Heil im Selbstmord. So fanden zum Beispiel die US-Truppen bei ihrem Einmarsch in Leipzig die Leichen von Oberbürgermeister Alfred Freyberg und anderen Lokalpolitikern. Nur einen Tag später entzog sich in Berlin der »Führer« Adolf Hitler dem Zugriff der Sieger, indem er sich selbst das Leben nahm. Das »Dritte Reich« hatte auch den Sachsen nur Leid und Zerstörung gebracht.

Das Ende Sachsens

Aufbau des Sozialismus und friedliche Revolution

Von der Sowjetischen Besatzungszone zur DDR

Nach der deutschen Kapitulation übernahmen die alliierten Truppen die Kontrolle über die Verwaltung und das politische und wirtschaftliche Leben in Deutschland. In der Vier-Mächte-Erklärung vom 5. Juni 1945 wurde Sachsen vollständig der sowjetischen Besatzungszone (SBZ) zugeschlagen; die amerikanischen Truppen zogen sich binnen weniger Wochen aus den von ihnen eroberten Teilen des Landes zurück. Die faktische Verschiebung der deutsch-polnischen Grenze an die Neiße führte zur Vertreibung von ca. 25.000 Sachsen aus den östlich des Flusses gelegenen Gebieten.

Mit der Roten Armee waren schon in den letzten Kriegstagen so genannte Initiativgruppen der KPD nach Deutschland gekommen, die den Einfluss der Partei auf die zukünftige politische Entwicklung sichern sollten. Neben der bekannten »Gruppe Ulbricht«, deren Ziel Berlin war, gab es auch eine Initiativgruppe für den südlichen Teil der SBZ. Zu ihr gehörten unter Führung von Anton Ackermann auch Hermann Matern und Kurt Fischer. Sie bildete den Kern der späteren sächsischen KPD und rief bereits am 11. Juni von Schloss Wackerbarth bei Radebeul aus zu Entnazifizierung und Reparationsleistungen an die Siegermächte sowie zum wirtschaftlichen Wiederaufbau und zur Enteignung von »Nazibonzen«, Kriegsverbrechern und Großgrundbesitzern auf.

Auch andere Parteien wurden neu oder wieder gegründet, darunter die SPD, die sich allerdings nach langwierigen Diskussionen und nicht ohne Druck im Frühjahr 1946 mit der KPD zusammenschloss, um die »unglückselige Spaltung der Arbeiterklasse« endgültig zu überwinden. Am 7. April 1946, bereits zwei Wochen vor dem historischen Händedruck zwischen Otto Grotewohl und Wilhelm Pieck in Berlin, wurde in Dresden-Bühlau die sächsische Sozialistische Einheitspartei Deutschlands (SED) gegründet, die bei den Landtagswahlen im Oktober 49,1 Prozent der Stimmen erhielt.

Nach dem Potsdamer Abkommen vom 2. August 1945 setzte die Sowjetunion ihre Reparationsansprüche konsequent durch: Produktionsanlagen und Eisenbahngleise wurden demontiert, über 200 Unternehmen aus der SBZ in sowjetisches Eigentum überführt, allein in Sachsen weitere 635 Betriebe in Sowjetische Aktiengesellschaften (SAG) umgewandelt. Im Jahr 1947 gelangten über zwei Drittel der sächsischen Industrieproduktion, etwa 650 Millionen Reichsmark, als Entschädigungsleistung in die Sowjetunion. Im Erzgebirge begann zum Beispiel die Sowjetisch-Deutsche Aktiengesellschaft (SDAG) Wismut, Uranerz für das sowjetische Atomprogramm abzubauen.

Im Juni 1945 ließ die sowjetische Militärverwaltung in Sachsen per Volksentscheid über die Enteignung von Nazis und Kriegsverbrechern abstimmen, wobei knapp drei Viertel der Wähler diesen Schritt befürworteten. Im September begann dann die Bodenreform: Alle Güter, die größer als 100 Hektar waren oder die NS-Funktionären oder Kriegsverbrechern gehört hatten, wurden enteignet und an Klein- und Mittelbauern verteilt. Schlösser und Herrenhäuser wurden vielerorts in Flüchtlingsheime verwandelt oder zur Gewinnung von Baumaterial abgerissen. Die Entnazifizierung wurde nicht nur durch Enteignungen vorangetrieben, sondern ebenso durch die Entlassung von NS-Funktionären und NSDAP-Mitgliedern aus dem Staatsdienst. Zusätzlich sollte die Vergangenheit juristisch aufgearbeitet werden. Trauriger Höhepunkt waren die Waldheimer Prozesse gegen mutmaßliche Kriegsverbrecher im Frühsommer 1950. Von 3.324 Angeklagten wurden in fragwürdigen Schnellverfahren, deren Ausgang politisch vorgegeben war, fast alle zu hohen Haftstrafen, einige sogar zum Tode verurteilt.

Der wirtschaftliche Neuanfang in der SBZ verlief schleppend: Die Zerstörungen des Krieges, die Demontagen, der Mangel an Kraftwerken, die zunehmende Rohstoffknappheit und die häufigen Umstrukturierungen in der Verwaltung der jetzt volkseigenen Betriebe führten bereits 1947 zu einer ernsten Krise. Ein Jahr später erreichte die Arbeitsproduktivität nur noch knapp zwei Drittel des Wertes von 1936. Die Einfüh-

SED-Wahlplakat nach dem Zusammenschluss von KPD und SPD in Sachsen Anfang April 1946.

rung eines Normensystems und eine damit verbundene Wettbewerbsbewegung sollten Abhilfe schaffen: Im Oelsnitzer Steinkohlenschacht »Karl Liebknecht« erfüllte der Bergmann Adolf Hennecke im Oktober 1948 in einer propagandistisch begleiteten Höchstleistungsschicht seine Arbeitsnorm zu 380 Prozent. Die daraus resultierende »Hennecke-Bewegung«, die für die ganze DDR beispielgebend sein sollte, führte in den folgenden Monaten tatsächlich zu einer Steigerung der Wirtschaftsleistung. Die Versorgungslage der knapp sechs Millionen Einwohner Sachsens (17 Prozent davon Flüchtlinge und Vertriebene) besserte sich spürbar.

Auf politischem Gebiet zeichnete sich die Trennung der SBZ von den westlichen Besat-

Die Landbevölkerung auf dem Gut Helfenberg bei Cunnersdorf begrüßte 1946 die Bodenreform, bei der das Groß-bauernland unter den Kleinbauern aufgeteilt wurde.

zungszonen immer stärker ab. Am 7. Oktober 1949 wurde schließlich in Berlin die Deutsche Demokratische Republik (DDR) gegründet. Damit einher ging eine noch stärkere Zentralisierung der Verwaltung auf Kosten der Länder. Führende sächsische Politiker wechselten nach Berlin, so Johannes Dieckmann als Präsident der Volkskammer, Fritz Selbmann als Industrieminister und Kurt Fischer als Chef der Deutschen Volkspolizei. Am 23. Juli 1952 vollendete schließlich die Volkskammer die Zentralisierung der Verwaltung, indem sie die fünf Länder Brandenburg, Mecklenburg-Vorpommern, Sachsen-Anhalt, Sachsen und Thüringen auflöste und durch 15 Bezirke ersetzte. An die Stelle des Landes Sachsen, das noch im Februar 1947 eine eige-

ne Verfassung erhalten hatte, traten jetzt die drei Bezirke Chemnitz (seit 1953 Karl-Marx-Stadt), Dresden und Leipzig. Hier lebten etwa 30 Prozent der DDR-Bevölkerung und erzeugten etwa ein Drittel der DDR-Industrieproduktion und ein Drittel der landwirtschaftlichen Produkte.

Mit Beginn der 1950er Jahre wurde der Braunkohletagebau intensiviert, vor allem im Leipzig-Bornaer Revier und in der Lausitz. Daneben wurden die Stahl- und Walzwerke in Riesa und Gröditz sowie das Edelstahlwerk Freital modernisiert und ausgebaut. Mehr als die Hälfte der ostdeutschen Textilproduktion kam aus dem Bezirk Karl-Marx-Stadt, in Dresden siedelten sich neue Betriebe für Mikroelektronik und Flugzeugbau an,

1949

Vorbildliche Sonderschicht des Bergmanns Adolf Hennecke zur Steigerung der DDR-Produktion.

Görlitz war am 17. Juni 1953 ein Zentrum des Volks-
aufstandes in der DDR.

aber auch in bislang weniger entwickelten
Gebieten im Erzgebirge, im Vogtland und in
der Oberlausitz wurden nun Druckmaschi-
nen, Chemie- und Gießereianlagen, Kohleför-
deranlagen, Werkzeugmaschinen, Kraftfahr-
zeuge, Landmaschinen, Kameras und Uhren
hergestellt.

Auf dem Gebiet der Landwirtschaft
begann sieben Jahre nach der Bodenreform
die Phase der Kollektivierung: Die Bauern
schlossen sich zwischen 1952 und 1960 mehr
oder weniger freiwillig zu Landwirtschaftlichen Produktionsgenossenschaften (LPG)
zusammen, in denen auf riesigen Feldern und
in großen Stallanlagen eine wesentlich ertrag-
reichere Produktion und damit eine Verbesserung der Versorgung möglich wurden.

Der 17. Juni 1953

Trotz einzelner wirtschaftlicher Erfolge
verschlechterte sich die soziale Lage in der
DDR zu Beginn der 1950er Jahre. Der von
Walter Ulbricht propagierte »Aufbau des
Sozialismus« mit forcierter Kollektivierung
bäuerlicher Betriebe, der Gängelung privater
Unternehmen, der Bevorzugung der Schwer-
industrie gegenüber der Konsumgüterproduk-
tion führte zu Versorgungsengpässen, außer-
dem sorgte noch eine Arbeitsnormerhöhung
für allgemeine Unzufriedenheit. Anfang Juni
1953 wurden Ulbricht und andere führende
SED-Politiker nach Moskau zitiert und zur
Rücknahme zentraler Maßnahmen gezwungen. Der daraufhin verkündete »Neue Kurs«

1953

In Leipzig protestierten tausende Arbeiter aus den Kirow-Werken, Bauarbeiter und Eisenbahner im Juni 1953 gegen die verordneten Normerhöhungen und für freie Wahlen.

führte in der DDR zu spürbarer Erleichterung, die Arbeiter jedoch warteten vergebens darauf, dass auch die im Mai verfügte Erhöhung der Arbeitsnormen (die für sie faktisch eine Lohnkürzung bedeutete) zurück genommen wurde. An dieser Frage entzündete sich am 15. und 16. Juni in Berlin eine allgemeine Streikbewegung, die sich am 17. Juni zu einem Volksaufstand auswuchs, der die ganze DDR erfasste.

In Sachsen entwickelten sich Görlitz, Niesky, Leipzig und Dresden zu Zentren des Aufstands. In Görlitz traten die Arbeiter des VEB Lok- und Waggonbau, des EKM Maschinenbau und mehrerer Optik- und Textilbetriebe in den Streik. Um die Mittagszeit war das Rathaus besetzt, ein Streikkomitee übernahm die Verwaltungsgeschäfte, der ört-

liche Hauptsitz des Staatssicherheitsdienstes wurde gestürmt. Trotz des bald ausgerufenen Belagerungszustands kam es noch zu einer Demonstration mit rund 30.000 Teilnehmern, etwa ein Drittel der Einwohner von Görlitz, aber ab 16 Uhr griff sowjetisches Militär ein, löste die Versammlungen auf und vertrieb die Besetzer aus dem Rathaus.

In Leipzig zogen ab 8 Uhr morgens Tausende Arbeiter zum Stadtzentrum, darunter fast 3.000 Beschäftigte der Kirow-Werke, Bauarbeiter vom HO-Warenhaus am Schlossplatz und Eisenbahner vom Reichsbahnausbesserungswerk. Zunächst verlief die Demonstration friedlich, man rief die gleichen Parolen wie überall: »Runter mit den HO-Preisen« – »Weg mit Ulbricht« – »Freie Wahlen«. Später kam es aber zu Konfrontationen

1985 Eröffnung der restaurierten Semperoper in Dresden mit den Sängern Peter Schreier und Theo Adam sowie Staats- und SED-Chef Erich Honecker (Bildmitte) und SED-Bezirkschef Hans Modrow (ganz rechts).

mit der Polizei, zu Brandstiftungen und zur Besetzung des Polizeipräsidiums, der SED-Bezirksleitung und des Leipziger Rundfunkstudios. Am frühen Nachmittag eröffneten die Wachpolizisten des Untersuchungsgefängnisses in der Beethovenstraße das Feuer auf eine Gruppe von Demonstranten und töteten einen von ihnen. Auch hier kam es ab 16 Uhr zum Aufmarsch von sowjetischem Militär; allerdings ließ sich der Protest nicht so schnell beenden wie in Görlitz – bis zum Abend gab es noch zahlreiche Zusammenstöße und Schusswechsel mit insgesamt fünf Toten und 120 Verletzten.

Weniger dramatisch verliefen die Ereignisse in Dresden, wo bereits seit dem Vormittag die Besatzungsmacht präsent war und jeden Versuch von Hausbesetzungen oder Gefangenenbefreiungen im Keim erstickte. Dennoch kam es zu Protestzügen mehrerer tausend Demonstranten, darunter viele Arbeiter der SAG Sachsenwerk Niedersedlitz, Dresdens größtem Industriebetrieb, und des Volkseigenen Betriebs ABUS (Sächsischer Brücken- und Stahlhochbau). Am Nachmittag flogen auf dem Postplatz vor dem Fernmeldeamt Steine auf Panzer und Soldaten, mehrere Warnschüsse wurden auf Demonstranten abgefeuert. Gegen Abend war die Lage hier wie überall im Lande weitgehend wieder unter Kontrolle. Noch in der Nacht kam es zu einer großen Verhaftungswelle, allein im Bezirk Dresden wurden 237 Personen in Haft genommen, davon 131 angeklagt.

Nach dem Volksaufstand vom 17. Juni nahm die Unterdrückung und Verfolgung

Bademoden aus dem Jahr 1979 aus Sachsen, einem Zentrum der DDR-Textilindustrie.

oppositioneller Kräfte stark zu. In den sächsischen Strafanstalten Bautzen, Waldheim und Zwickau saßen in den nächsten Jahrzehnten zahlreiche politische Häftlinge ein. Die zunehmenden Repressalien führten zu einer verstärkten Übersiedlung von DDR-Bürgern in die Bundesrepublik, die erst durch den Bau der Berliner Mauer 1961 und die Abriegelung der deutsch-deutschen Grenze gestoppt werden konnte.

Aufbau und Stabilisierung

Trotz der Auflösung des Landes Sachsen wurden auch zu DDR-Zeiten sächsische Traditionen gepflegt, insbesondere auf musika-

lischem und künstlerischem Gebiet. Im Jahr 1956 feierte das vom Wiederaufbau geprägte Dresden sein 750-jähriges Stadtjubiläum und erhielt zu diesem Anlass die als Kriegsbeute in die Sowjetunion verbrachte Gemäldesammlung Alter Meister zurück. Zur Einweihung der wieder eröffneten Sempergalerie reiste eigens Ministerpräsident Otto Grotewohl an. Auch in die Theater und Konzertsäle der sächsischen Städte – genannt seien nur die Dresdner Staatsoper, das Leipziger Gewandhaus und die Dresdner Philharmonie – kehrte zumindest ein Teil des alten Glanzes zurück. Mit Kurt Masur hatten zuerst Dresden und dann (seit 1970) Leipzig einen Musiker von Weltrang als Chefdirigenten. Die Dresdner Musikfestspiele, der Zwickauer Robert-Schumann-Wettbewerb und die Konzerte des Leipziger Thomaner- und des Dresdner Kreuzchores prägten das kulturelle Leben weit über Sachsen hinaus. 1971 etablierte sich in Dresden mit dem Internationalen Dixielandfestival eine weitere Attraktion, die jedes Jahr zahllose Musikfreunde aus der ganzen DDR anzog, während Sänger wie Theo Adam und Peter Schreier als kulturelle Aushängeschilder der DDR viele Konzerte im Ausland gaben.

Auf dem Gebiet des Sports brachte Sachsen einige DDR-Idole hervor, die auch Weltmeistertitel und Olympiamedaillen errangen, zum Beispiel die Eiskunstläuferin Katarina Witt, die wie andere vor ihr, eine sportliche Karriere in der Karl-Marx-Städter (heute Chemnitz) Kinder- und Jugendsportschule begann.

Architektonisch war die Zeit seit den 1960er Jahren geprägt von zahlreichen neuen Bauprojekten, die zum Teil 1969, zum 20. Jahrestag der DDR, eingeweiht wurden, wie etwa in Dresden der Fernsehturm oder die überdimensionierte Fußgängerzone in der Prager Straße. Überhaupt hatte die Staatsführung beim Wiederaufbau der zerbombten sächsischen Städte bewusst historische Straßenverläufe ignoriert und selbst stadtprägende Gebäude einfach abreißen lassen. Allein in Görlitz und Torgau gelang es den lokalen Amtsträgern, ihre historische Innenstadt zu retten. Trotz des gewollten Bruchs mit der Geschichte, wurde in zahlreichen Kreis-, Stadt- und Heimatmuseen die Erinnerung an sächsische Traditionen lebendig gehalten; auch alte Handwerkstechniken wie die Schnitz- und Klöppelkunst im Erzgebirge, die Spitzen- und Bortenherstellung im Vogtland und der Blaudruck in der Oberlausitz lebten weiter.

Meißner Porzellan war der Exportschlager der DDR. Aber auch die moderne realistische Kunst lebte in Sachsen auf. Während in Dresden stolz die gesammelten Schätze Augusts des Starken präsentiert wurden, versuchten vor allem in Leipzig Maler wie Bernhard Heisig, Wolfgang Mattheuer und Werner Tübke mehr oder weniger erfolgreich den Spagat, eigene Kunst zu entwickeln und die politische Macht nicht zu brüskieren.

Es gab weiterhin eine Sächsische Landesbibliothek und eine Sächsische Akademie der Wissenschaften, und als Berlin im Jahr 1987 seinen 750. Geburtstag beging, da sah man in Sachsen überall Aufkleber mit der Aufschrift »Dresden 781 Jahre«. Sogar der preußisch-sächsische Gegensatz hatte sich also in Form eines berlinisch-sächsischen Gegensatzes erhalten. Während man von Sachsen aus neidisch auf die ökonomisch bevorzugte »Hauptstadt der DDR« schaute, spottete man dort über die vielen Sachsen, die ins Zentrum der Macht zogen, um Karriere zu machen.

Die sächsischen Bezirke büßten an politischem Einfluss innerhalb der DDR ein

Das Elbsandsteingebirge – eine der Hauptferienregionen der DDR-Bürger.

und wurden in mancherlei Hinsicht geradezu benachteiligt. So waren zum Beispiel begehrte »Westprodukte« aus der Bundesrepublik Deutschland hier nur schwer erhältlich, und in Dresden (im Volksmund als »Tal der Ahnungslosen« bezeichnet) konnte man aufgrund der geographischen Lage nicht einmal »Westfernsehen« empfangen – im Rest der DDR ein verbreitetes, wenngleich offiziell unerwünschtes Freizeitvergnügen. Sachsen blieb jedoch trotz aller Benachteiligung ein wichtiges Zentrum für Wissenschaft und Forschung (in Dresden zum Beispiel entwickelte Manfred von Ardenne zahlreiche Neuerungen auf dem Gebiet der Rundfunk- und Fernsehtechnik), und es war neben der Ost-

In Plauen setzten die Sicherheitskräfte im Herbst 1989 Wasserwerfer gegen Demonstranten ein.

seeküste wohl das wichtigste Feriengebiet der DDR. Auch hier wurde eine Vorkriegstradition fortgeführt, denn schon zu Beginn des 20. Jahrhunderts waren das Erzgebirge und die Sächsische Schweiz beliebte Reiseziele für deutsche Touristen gewesen.

Die friedliche Revolution von 1989

Sachsen war auch gegen Ende der 1980er Jahre noch das wichtigste Industriezentrum der DDR. Drei Viertel der gesamten Textilproduktion kam von hier und jeweils über ein Drittel der Produkte in den Bereichen Energie- und Brennstofferzeugung, Metallverarbeitung, Maschinen- und Fahrzeugbau, Elektrotechnik und Leichtindustrie. Abgesehen von einzelnen Vorzeigebetrieben wie dem Werkzeugmaschinenkombinat Fritz Heckert in Karl-Marx-Stadt (Chemnitz), dem Sachsenring-Werk in Zwickau oder den Kombinaten Robotron in Dresden und Planeta in Radebeul, verfügten die meisten Betriebe allerdings nur über veraltete Maschinen und sanierungsbedürftige Gebäude.

Die spürbare Verschlechterung der Lebensumstände, die Einschränkung der Reisefreiheit und verschärfte Repressalien der politischen Führung führten zu einer verstärkten Ausreisebewegung und einem allgemeinen Bedürfnis nach Veränderung. Dieses Bedürfnis setzte im Herbst 1989 eine Protestbewegung in Gang, die von den sächsischen Städten Leipzig, Plauen und Dresden aus in die gesamte DDR ausstrahlte. Ausgehend von Friedensgebeten in der Leipziger Nikolaikirche fand am 25. September die erste große Demonstration auf dem Leipziger Ring statt. In Dresden begann am 3. Oktober die viertägige Belagerung des Hauptbahnhofs durch ausreisewillige Menschen, und am 4. Oktober kam es auf dem Karl-Marx-Städter (Chemnitzer) Bahnhof zu Zusammenstößen zwischen Demonstranten und Polizei. Ein Fanal für die DDR-weite Protestbewegung setzten dann die Massendemonstrationen, die am 7. Oktober in Plauen, am 8. Oktober in Dresden und am 9. Oktober in Leipzig stattfanden. »Wir wollen raus!«, »Demokratie, jetzt oder nie!«, »Wir sind das Volk!« – so lauteten einige der Parolen, die in Sprechchören oder auf Transparenten verbreitet wurden. In der aufgeheizten Stimmung jener Tage war es dem besonnenen Handeln vieler einzelner Menschen zu verdanken, dass es nicht zu einer Eskalation der Gewalt kam. In Plauen etwa lehnte die Leitung der Volkspolizei das Angebot des sowjetischen Kommandanten ab, zwei am Stadtrand stationierte Regimenter gegen die Demonstranten einzusetzen. Am folgenden Tag entschuldigte sich der Leiter der Freiwilligen Feuerwehr in einem offenen Brief dafür, dass Tanklöschfahrzeuge als Wasserwerfer zum Einsatz gebracht worden waren. Nach der Kundgebung mit 100.000 Teilnehmern auf dem Leipziger Karl-Marx-

»Sachsen meine Heimat – Deutschland mein Vaterland – Europa meine Zukunft«. Im Oktober 1989 wurde auch der Ruf nach der Gründung des Freistaates Sachsen laut.

Platz (heute wieder Augustusplatz) begannen am 12. Oktober Gespräche zwischen Vertretern des Staats, der Stadt und der Kirche. Die brennenden Kerzen der Teilnehmer an den Friedensgebeten wurden zum Symbol für den friedlichen Protest gegen die Staatsmacht, für die Forderung nach Demokratie und grundlegenden Reformen. Neue Gruppen und Parteien bildeten sich, die in Städten, Kreisen und Bezirken an so genannten Runden Tischen mit den Vertretern der Staatsmacht diskutierten und stückweise administrative Aufgaben okkupierten. Nach dem Sturz Erich Honeckers als DDR-Partei- und Staatschef und mit der Öffnung der Grenzen, die am 9. November folgte, beschleunigte sich der Prozess der Machterosion zunehmend. Beim

ersten Runden Tisch in Dresden, der am 15. Dezember 1989 stattfand, standen die Auflösung der Bezirksverwaltung des Ministeriums für Staatssicherheit und die Wiedererrichtung des Landes Sachsen im Mittelpunkt der Forderungen. Im Mai 1990 wurde nach langwierigen Auseinandersetzungen zwischen den Bezirksräten, den Bürgerrechtlern und der Berliner Regierung unter Hans Modrow (dem ehemaligen SED-Bezirkschef von Dresden) ein Ausschuss gebildet, der über die Länderbildung beraten sollte. Die (Wieder-)Gründung des Freistaats Sachsen erfolgte dann aber nicht mehr im Rahmen der DDR, sondern in der Bundesrepublik Deutschland.

Die mit Hilfe von Spendengeldern wieder errichtete Frauenkirche in Dresden wurde zum Symbol für den Aufbruch Sachsens in eine neue Zeit.

Wiedergeburt

Der Freistaat Sachsen nach der Wende

Ein Land im Aufbruch

An historischem Ort, in der Meißner Albrechtsburg, wurde am 3. Oktober 1990 die Gründung des Bundeslandes Sachsen gefeiert. Am 27. Oktober trat erstmals nach 38 Jahren wieder ein sächsischer Landtag zusammen. Die CDU hatte bei den Wahlen mit 53,8 Prozent der abgegebenen Stimmen eine absolute Mehrheit errungen: Von 160 Landtagssitzen belegte sie 92, die SPD kam auf 32, die SED-Nachfolgepartei PDS auf 17, das Neue Forum auf zehn und die FDP auf neun Sitze. Auch bei den Wahlen 1994 und 1999 errang die CDU unter ihrem Ministerpräsidenten Kurt Biedenkopf die absolute Mehrheit, im Jahr 2004 musste sie sich dann mit 41,1 Prozent der Stimmen begnügen. Nach dem Rücktritt Biedenkopfs im Jahr 2002 wurde Finanzminister Georg Milbradt zum Ministerpräsidenten gewählt.

Die sächsische SPD erreichte bei der Landtagswahl 2004 mit 9,8 Prozent der Stimmen ihr landes- und bundesweit schlechtestes Wahlergebnis (1990 waren es immerhin noch 19,1 Prozent gewesen). Im einstmals »roten Sachsen«, der Wiege der deutschen Sozialdemokratie, haben sich die politischen Verhältnisse umgekehrt – eine Entwicklung, die viel mit dem misslungenen sozialistischen Experiment in der DDR zu tun hat, aber auch mit der Popularität des langjährigen Landesvaters Biedenkopf (»König Kurt«) sowie mit der Tatsache, dass die SPD nach 1990 ihre Strukturen völlig neu aufbauen musste, die CDU war aus ihrer Zeit als DDR-Blockpartei gut organisiert.

Sachsen gab sich mit Hilfe der Partner Baden-Württemberg und Bayern neue Verwaltungsstrukturen, die von vielen Einrichtungen aus DDR-Zeiten abwichen, aber auch nicht einfach zu den Vorkriegstraditionen zurückführten. Im Jahr 1992 verabschiedete der Landtag eine neue Verfassung, die vierte in Sachsen nach denen von 1831, 1920 und 1947. Das sächsische Schulgesetz hielt an der zwölfjährigen Schulzeit bis zum Abitur fest, während die anderen neuen Ländern dem Westvorbild folgten und einen dreizehnjährigen Schulbesuch vorsahen. Für die sächsische Hochschullandschaft wurde festgelegt, dass es in Dresden und Leipzig je eine Volluniversität, in Chemnitz und Freiberg je eine Technische Universität geben sollte. Dazu kam eine Vielzahl von Fachhochschulen.

Die Augen ganz Deutschlands richteten sich auf Sachsen, als das Land im August 2002 von einer Hochwasserkatastrophe von noch nie da gewesenem Ausmaß heimgesucht wurde: Starke Regenfälle in den Mittelgebirgen ließen nicht nur die Elbe, sondern auch die Mulde, die Müglitz, die Triebisch, die Weißeritz und andere kleine Flüsse zu reißenden Strömen anschwellen. Die Elbe erreichte einen Höchststand von 9,40 Metern und überflutete die historische Innenstadt Dresdens. Aber auch andere Städte standen unter Wasser. Die Flut forderte 21 Tote und 110 Verletzte und richtete einen Gesamtschaden von 8,5 Milliarden Euro an. Bundeswehr-Soldaten und zahlreiche Freiwillige aus ganz Deutschland halfen beim Bau von Dämmen aus Sandsäcken und bei der Beseitigung der Schuttberge, die nach der Flut in den Städten und Dörfern zurückblieben. Der Freistaat Sachsen erfand zum Dank den sächsischen Fluthelferorden, der 157.000 mal verliehen wurde.

Perspektiven für das 21. Jahrhundert

Die unvermittelte Einführung der Marktwirtschaft nach 1990 führte zum Zusammenbruch ganzer Industriezweige und zum Wegfall vieler Arbeitsplätze. Dazu trug auch bei, dass schon durch die Wirtschafts- und Währungsunion mit der Bundesrepublik die traditionellen Absatzmärkte in Osteuropa weggebrochen waren. Man kann geradezu von einer De-Industrialisierung Sachsens sprechen: Von den 1988 bestehenden Industriearbeitsplätzen existierten 1992 nur noch etwa ein Viertel. War im Mittelalter noch der Großteil der sächsischen Bevölkerung in der Landwirtschaft tätig und gegen Ende des 19. Jahrhundert über drei Viertel in der industriellen Produktion, so arbeiten heute 71 Prozent der Beschäftigten in Sachsen im Dienstleistungssektor.

Das Land hat jedoch, anknüpfend an seine Traditionen, wieder Anschluss an die ökonomischen Entwicklungen gefunden, wenn auch die Arbeitslosenquote immer noch weit im zweistelligen Bereich liegt. Im Raum um Chemnitz und Zwickau konzentriert sich der Maschinen- und Fahrzeugbau, etwa mit dem Volkswagenwerk in Zwickau-Mosel; die Messestadt Leipzig hat sich zum Standort für Medien und Finanzdienstleistungen entwickelt; und zwischen Dresden und Freiberg haben sich zahlreiche Unternehmen der Mikroelektronik und Elektrotechnik angesiedelt. Unter Anspielung auf das kalifornische Zentrum der Computer-Industrie, das Silicon Valley, wird dieses Gebiet auch »Silicon Saxony« genannt. Einerseits ist Sachsen also im modernen Computer- und Internetzeitalter angekommen, andererseits kann es auf dem Gebiet des Maschinenbaus, der Metallverarbeitung, der optischen und feinmechanischen Industrie an seine vergangene Größe anknüpfen.

Sachsens Bedeutung als Reiseland ist zielgerichtet ausgebaut worden. Dabei war und ist es natürlich hilfreich, dass das Land mit rund 2.700 Kilometern Schienen und knapp 600 Stationen immer noch über eines der dichtesten Eisenbahnnetze Europas verfügt und zudem mit den Flughäfen Leipzig/Halle und Dresden-Klotzsche gleich zweifach an den internationalen Luftverkehr angeschlossen ist. Nach dem Beitritt Polens und der Tschechischen Republik zur Europäischen Union im Jahr 2004 ist zudem ein historischer Kulturraum wieder vereint, der für Sachsen die Chance bietet, eine Rolle als kultureller Mittler und wirtschaftlicher Knotenpunkt einzunehmen. Tatsächlich wird ein immer größerer Teil der in Sachsen produzierten Güter exportiert, zwei Drittel davon in europäische Staaten.

Während der Jahrhundertflut 2002 mussten wertvolle Bilder in der Dresdner Gemäldegalerie in die oberen Stock-werke umgelagert werden.

Die große Herausforderung für Sachsen wird in den kommenden Jahrzehnten im Bevöl-kerungsrückgang liegen. Ging die Einwoh-nerzahl bereits von 1990 bis 2004 um über zehn Prozent zurück, so wird bis 2020 ein Rückgang um weitere zehn Prozent auf dann nur noch 3,8 Millionen vorausgesagt. Diese Entwicklung trifft ein Land, das traditionell zu den bevölkerungsreichsten und am dich-testen besiedelten in Deutschland gehörte, besonders hart. Die Zahl der Abwanderungen in andere Bundesländer wird mit dem wirt-schaftlichen Aufschwung sicher zurück gehen, aber die niedrige Geburtenrate, ein in ganz Deutschland zu beobachtendes Phänomen, wird sich nicht innerhalb weniger Jahrzehnte ausgleichen lassen.

Umso wichtiger ist es, dass Sachsen auch an seine Traditionen in Bildung, Wissenschaft und Kultur anknüpft. Denn das Land hat aus eigener Kraft schon viele Niederlagen ins Positive gekehrt und ist aus vielen Krisen ge-stärkt hervorgegangen. Daher kann es – trotz aller Probleme – den nächsten 1.000 Jahren seiner Geschichte wohl zuversichtlich entge-gen sehen.

Pferdebahn auf dem Dresdner Theaterplatz um 1880.

Zeittafel

um 600 Slawische Sorben siedeln zwischen Saale und mittlerer Elbe.

um 965 Gründung der Mark Meißen.

968 Gründung der Bistümer Meißen, Merseburg und Zeitz.

1089 Der Wettiner Heinrich I. von Eilenburg wird Markgraf der Mark Meißen.

um 1165 Leipzig erhält das Stadtrecht.

1168 Erster Silberfund im Erzgebirge. Gründung der Stadt Freiberg.

1206 Erste Erwähnung von Dresden.

1247 Landgrafschaft Thüringen fällt an die Markgrafen von Meißen.

1307 Schlacht bei Lucka: Die Wettiner siegen über das Heer des deutschen Königs und bekommen die Mark Meißen zurück.

1349 Die Pest erreicht die Markgrafschaft Meißen; Judenpogrome.

1376 Erste Versammlung der Landstände (Adel, Geistlichkeit, Städte) in Meißen.

1382 Chemnitzer Landesteilung.

1409 Gründung der Universität Leipzig.

1420–1438 Hussitenkriege.

1423 Belehnung des Markgrafen Friedrich IV. mit dem Kurfürstentum Sachsen-Wittenberg.

1445 Altenburger Landesteilung.

1446–1451 Sächsischer Bruderkrieg.

1470/71 Neue große Silberfunde im Erzgebirge. Gründung von Schneeberg.

1485 Leipziger Landesteilung (Ernestiner und Albertiner).

1502 Gründung der Universität Wittenberg.

1517 Martin Luther veröffentlicht in Wittenberg seine 95 Thesen. Beginn der Reformation.

1527 Einführung der Reformation im ernestinischen Kurfürstentum Sachsen.

1539 Einführung der Reformation im albertinischen Herzogtum Sachsen.

1543 Gründung der Landesschulen in Meißen, Pforta und (1550) Grimma.

1547 Schmalkaldischer Krieg. Die Kurwürde geht auf die Albertiner über.

1550 Gründung der königlichen Kunstkammer in Dresden.

1555 Augsburger Religionsfrieden.

1609–1614 Erbfolgestreit um Jülich-Cleve-Berg zwischen Kursachsen, Brandenburg und Pfalz-Neuburg.

1617 Heinrich Schütz wird Hofkapellmeister in Dresden.

1618–1648 Dreißigjähriger Krieg. Belagerung zahlreicher sächsischer Städte.

1683 Das kursächsische Heer nimmt am Kampf gegen die Türken vor Wien teil.

1697 Kurfürst Friedrich August III. (August der Starke) tritt zum Katholizismus über und wird König von Polen.

1700–1721 Nordischer Krieg gegen Schweden.

1710 Gründung der Königlichen Porzellanmanufaktur in Meißen.

1710–1732 Bau des Dresdner Zwingers.

1723 Johann Sebastian Bach wird Thomaskantor in Leipzig.

1726–1743 Bau der Dresdner Frauenkirche.

1730 August der Starke präsentiert im »Zeithainer Lager« die sächsische Armee.

1754 Ankauf der »Sixtinischen Madonna« für 12.500 Dukaten.

1756–1763 Siebenjähriger Krieg gegen Preußen.

1765 Endgültiger Verzicht Sachsens auf die polnische Königskrone.

1790 Bauernunruhen in Sachsen.

1806 Auflösung des Heiligen Römischen Reiches Deutscher Nation.
Preußisch-sächsische Niederlage bei Jena und Auerstädt. Napoleon erhebt Sachsen zum Königreich.

1813 In der Völkerschlacht bei Leipzig unterliegt Napoleon der Koalition von Russland, Preußen und Österreich.
König Friedrich August I. gerät in Kriegsgefangenschaft.

1815 Auf dem Wiener Kongress wird Preußen über die Hälfte des sächsischen Territoriums zugesprochen. Sachsen wird Mitglied des Deutschen Bundes.

1825 Gründung des »Börsenvereins des deutschen Buchhandels« in Leipzig.

1830/31 Unruhen in über 30 sächsischen Städten.

1834 Beitritt Sachsens zum Deutschen Zollverein.

1836 Gründung der Elbedampfschifffahrtsgesellschaft.

1839 Beginn des Eisenbahnverkehrs zwischen Leipzig und Dresden.

1841 Eröffnung der Dresdner Semperoper als Königliches Hoftheater.

1845–1847 Missernten und Wirtschaftskrise.

1848/49 »Märzrevolution« in Sachsen.

1863 Gründung des Allgemeinen Deutschen Arbeitervereins in Leipzig.

1866 Im Deutschen Krieg steht Sachsen auf Seiten Österreichs und wird von preußischen Truppen besetzt. Erzwungener Beitritt zum Norddeutschen Bund.

1870/71 Deutsch-französischer Krieg. Gründung des Deutschen Reichs.

1889 Feiern zum 800-jährigen Jubiläum der Wettinischen Herrschaft.

1903 Crimmitschauer Textilarbeiterstreik.

1912 Gründung der Deutschen Bücherei in Leipzig.

1918 Novemberrevolution in Sachsen. Rücktritt von König Friedrich August III. Ausrufung des Freistaats Sachsen.

1920 Kapp-Putsch. Generalstreik.

1923 Reichsexekution gegen die sächsische Regierung von SPD und KPD.

1930 Eröffnung des Deutschen Hygienemuseums in Dresden.

1932 Zusammenschluss der sächsischen Automobilwerke zur Auto Union AG.

1933 Nationalsozialistische »Machtergreifung«. Absetzung der gewählten sächsischen Regierung. Einsetzung eines NSDAP-Reichsstatthalters.

1935 Martin Mutschmann wird »Führer der sächsischen Landesregierung«.

1942 Beginn der Judendeportation aus Sachsen.

1945 Zerstörung sächsischer Städte durch angloamerikanische Bombenangriffe. Deutsche Kapitulation am 8./9. Mai. Die Sowjetische Militäradministration nimmt ihre Arbeit auf.

1949 Gründung der Deutschen Demokratischen Republik (DDR).

1952 Auflösung der Länder in der DDR. Aufteilung Sachsens in drei Bezirke.

1953 30.000 Demonstranten nehmen am 17. Juni in Görlitz am Volksaufstand teil.

1971 Erstes Internationales Dixielandfestival in Dresden.

1981 Eröffnung des Leipziger Gewandhauses am Augustusplatz.

1989 Demonstrationen in Sachsen wie die friedlichen Proteste in Leipzig lösen im Herbst eine landesweite Protestbewegung aus.

1990 Wiedervereinigung Deutschlands und Neugründung des Freistaats Sachsen.

1992 Die Verfassung des Freistaats Sachsen tritt in Kraft.

2002 Jahrhunderthochwasser an der Elbe.

2005 Einweihung der rekonstruierten Frauenkirche in Dresden.

2006 Wiedereröffnung des Grünen Gewölbes im Dresdner Schloss.

Übersichtskarte: Sachsen im 19. Jahrhundert und heute

Kurfürstentum Sachsen 1806

–·–·– Grenze des Königreiches Sachsen ab 1815

Grenze des heutigen Freistaates Sachsen

Literatur

Blaschke, Karlheinz: Der Fürstenzug zu Dresden. Denkmal und Geschichte des Hauses Wettin. Leipzig u. a. 1991.

Ders.: Geschichte Sachsens im Mittelalter. Berlin 1990.

Bramke, Werner/Heß, Ulrich (Hrsg.): Wirtschaft und Gesellschaft in Sachsen im 20. Jahrhundert. Leipzig 1998.

Czok, Karl (Hrsg.): Geschichte Sachsens. Weimar 1989.

Dresdner Geschichtsverein (Hrsg.): Dresden. Die Geschichte der Stadt von den Anfängen bis zur Gegenwart. Dresden 2002.

Fischer, Alexander/Heydemann, Günther (Hrsg.): Die politische »Wende« 1989/90 in Sachsen. Rückblick und Zwischenbilanz, Köln u. a. 1995.

Fontane, Theodor: Von Zwanzig bis Dreißig. Leipzig 1898.

Gerlach, Siegfried (Hrsg.): Sachsen. Eine politische Landeskunde. Stuttgart 1993.

Groß, Reiner: Geschichte Sachsens, 3., durchges. Aufl., Leipzig 2004.

Heckmann, Hermann: Sachsen – Historische Landeskunde. 2. Aufl. Würzburg 1990.

Keller, Katrin: Landesgeschichte Sachsens, Stuttgart 2002.

Kötzschke, Rudolf/Kretzschmar, Hellmut: Sächsische Geschichte. Werden und Wandlungen eines Deutschen Stammes und seiner Heimat im Rahmen der Deutschen Geschichte. Dresden 1935 (ND Frankfurt a. M. 1965).

Kroll, Frank-Lothar (Hrsg.): Die Herrscher Sachsens. Markgrafen, Kurfürsten, Könige 1089–1918. München 2004.

Lässig, Simone/Pohl, Karl Heinrich: Sachsen im Kaiserreich. Politik, Wirtschaft und Gesellschaft im Umbruch. Köln u. a. 1997.

Naumann, Günter: Sächsische Geschichte in Daten. 3., überarb. Aufl., München 1998.

Menzhausen, Joachim: Kulturlandschaft Sachsen. Ein Jahrtausend Geschichte und Kunst. Dresden 1999.

Meuschel, Sigrid/Richter, Michael/Zwahr, Hartmut: Friedliche Revolution in Sachsen. Dresden 1999.

Oschlies, Wolf: Die Sorben, ein slawisches Volk im Osten Deutschlands. 2., überarb. Aufl., Bonn u. a. 1991.

Roth, Heidi: Der 17. Juni 1953 in Sachsen. Köln 1999.

Rudolph, Karsten: Die sächsische Sozialdemokratie vom Kaiserreich zur Republik (1871–1923). Köln u. a. 1995.

Sächsische Staatskanzlei (Hrsg.): Sachsen. Die Fakten. Dresden 2006.

Schirmer, Uwe (Hrsg.): Sachsen im 17. Jahrhundert. Krise, Krieg und Neubeginn. Beucha 1998.

Vollnhals, Clemens (Hrsg.): Sachsen in der NS-Zeit. Leipzig 2002.

Wagner, Richard: Mein Leben. Hrsg. v. Eike Middell. Leipzig 1986.

Weiß, Norbert/Wonneberger, Jens: »Lieber Dresden im Regen als Wien bei Sonne«. Berühmte Zeitgenossen und die Stadt an der Elbe. Berlin 2006.

Zwahr, Hartmut: Revolutionen in Sachsen. Beiträge zur Sozial- und Kulturgeschichte, Köln u. a. 1996.